Dépôt légal :
Bibliothèque et Archives nationales du Québec
Bibliothèque Nationale du Canada
Bibliothèque Nationale de France
Premier trimestre 2020
ISBN : 978-2-920932-80-7
Première édition/Première impression

Publié par :
Les Éditions E.T.C. Inc.
1102 boul. de la Salette
Saint-Jérôme, Québec, Canada J5L 2J7
Tél. : (514) 875-1930 ou (450)431-5336
Canada & États-Unis : 1-800-361-3834
Télécopieur : (450) 431-0991
Courriel : info@leseditionsetc.com

www.leseditionsetc.com

www.lisebourbeau.com

IMPRIMÉ AU CANADA

Remerciements

MERCI à tous les participants aux ateliers et conférences d'*Écoute Ton Corps* qui m'ont régulièrement demandé comment je fais pour avoir autant d'énergie et demeurer aussi jeune. Grâce à vous j'ai pris le temps de m'observer et je suis devenue plus consciente de ma vitalité et d'où elle vient.

MERCI à maman que j'ai toujours admirée pour son sens de l'organisation et sa grande capacité à abattre beaucoup de travail. Je trouvais donc qu'il était normal que j'aie développé ces aptitudes même si j'ai toujours pensé que je ne faisais pas grand-chose comparativement à elle. Elle a géré de nombreux commerces, cousait les vêtements de ses onze enfants, cuisinait trois repas chauds par jour et j'en passe. Elle fut un excellent modèle pour moi.

MERCI à mes trois enfants, Alan, Tony et Monica, mon gendre Jean-Pierre, ma belle-fille Dina, ma soeur Lorraine, mon neveu Marc, mon premier conjoint Dave, mon conjoint actuel Jacques ainsi que ses enfants Marc et Christine qui m'ont toujours rendu service. Quelles que soient mes demandes, ils ne m'ont jamais dit NON. C'est grâce à leur aide constante que j'ai pu réaliser autant de projets dans cette vie-ci. Leur amour à mon égard et leur présence sont d'autres facteurs qui m'ont aidé à conserver mon énergie.

MERCI en particulier à Jean-Pierre Gagnon, le directeur de ma maison d'édition ainsi qu'à Monica Shields, la présidente-directrice générale d'*Écoute Ton Corps* qui contribuent grandement à la réalisation de tous mes projets de livre.

MERCI à Julie Labelle d'avoir corrigé ce livre minutieusement.

MERCI à mon corps pour sa complicité et l'aide qu'il m'apporte afin que je puisse réaliser mes projets même si je lui en demande beaucoup parfois. C'est grâce à lui si j'ai pu écrire ce livre.

MERCI à moi d'avoir eu le courage, l'audace, la détermination et la persévérance nécessaires pour atteindre mes buts malgré les nombreux obstacles qui se sont présentés sur mon chemin.

MERCI à vous, chers lecteurs, d'être intéressés par ce livre. Vous m'encouragez à vouloir continuer à écrire plutôt que de prendre ma retraite et à avoir l'énergie dont j'ai besoin pour le faire.

Lise Bourbeau

Introduction

Lorsque j'ai écrit le livre *La guérison des 5 blessures*, je croyais que ce serait mon dernier, que j'avais tout exprimé ce que j'avais à dire. Mais on ne peut jamais savoir ce que l'avenir nous réserve, alors voici mon 26e livre.

On me demande souvent mon secret pour rester jeune. Je réponds toujours que je ne fais que mettre en pratique mes enseignements. Cette réponse ne semblait pas suffisante puisque la question revenait sans arrêt et encore plus depuis que j'ai eu 70 ans. J'ai donc décidé d'écrire ce livre.

Le même phénomène de demandes répétées s'est produit avant que j'écrive le livre sur la guérison des cinq blessures. Les gens me disaient souvent qu'ils avaient beaucoup aimé le livre sur les blessures, mais qu'elles étaient très difficiles à guérir et que ce serait bien si j'écrivais un livre sur la guérison. Je les invitais toujours à relire le dernier chapitre du livre qui ne parle que de guérison et à mettre en pratique les règles de l'amour véritable pour diminuer les blessures peu à peu. J'ai dû me rendre à l'évidence que ce n'était pas suffisant puisque la même demande s'est manifestée pendant des années.

Avant de débuter l'écriture de ce livre, je croyais sincèrement que je n'aurais pas assez de choses nouvelles à dire. Un jour, j'ai osé passer à l'action et, à ma grande surprise, j'ai constaté que j'avais encore beaucoup à partager.

Il est vrai que nous avons souvent besoin d'entendre à répétition toute notion spirituelle, car notre ego est très habile à nous les faire oublier ou mal les interpréter. Il nous fait même oublier nos intentions et ce que l'on a décidé de faire suite à une prise de conscience. J'ai donc réalisé que ce livre pouvait être bénéfique.

Comme je l'ai fait dans tous mes autres livres, je me permets de te tutoyer et j'utilise la couleur d'écriture violette pour t'aider à lire avec ton senti plutôt qu'avec ton mental.

Même si ce livre s'adresse aux personnes de tout âge, il cible davantage les plus jeunes qui veulent rester vigoureux en prenant de l'âge. Il est important de se prendre en main quand on est jeune parce que si on attend d'avoir 70 ans pour le faire, ce sera définitivement plus difficile.

As-tu déjà pensé à ce que tu veux pour toi quand tu auras 70 ans ? Si tu n'y as pas pensé, regarde autour de toi. Y a-t-il des personnes plus âgées qui t'inspirent à être comme eux lorsque tu auras leur âge ? Y en a-t-il d'autres qui te font pitié et comme qui tu ne veux pas être ? Prends le temps de faire cet exercice. Il t'aidera à décider ce que tu veux être. Eh ! oui, j'ai bien dit « DÉCIDER », car rien ne peut se manifester sans que tu l'aies choisi, que ce soit conscient ou non. Tu sauras que tu as vraiment décidé quand tu feras des actions en fonction de ce que tu veux.

Afin que ce que tu veux se manifeste, tu dois bien le définir. Dire ou penser que tu NE VEUX PAS être comme telle personne plus tard fera en sorte que ton subconscient ne saura pas ce que tu veux. Il n'aura que l'image de ce que tu ne veux pas et c'est donc ce qui se manifestera dans ta vie. En effet, le subconscient ne capte que les images de nos pensées. Il ne comprend pas les mots « NE PAS ». La seule utilité de savoir ce que tu ne veux pas est de t'aider à définir ce que tu veux pour pouvoir en créer l'image dans ton subconscient, ce qui te permettra d'atteindre ton but. Aussitôt que tu sais ce que tu veux véritablement, oublie ce que tu ne veux pas.

Je te suggère aussi de dresser une liste de ce que tu planifies faire au cours des prochaines années pour t'aider davantage à manifester ta volonté. De plus, lorsqu'une idée ou une suggestion te plaira dans ce livre, ajoute-la à ta liste. Place-la bien en vue chez toi. En la voyant souvent, elle finira par faire partie intégrante de toi et la mettre en application sera plus facile. Chaque fois que tu la regarderas, ton subconscient captera l'image de ce que tu veux.

Tu trouveras en plus à la fin de ce livre un résumé des moyens concrets et pratiques que je donne tout au long du livre qui sera un rappel pour toi au besoin. Je tiens aussi à te prévenir que très souvent, ton ego viendra interférer en te disant que ce moyen est bon pour Lise Bourbeau, mais que pour toi c'est soit trop difficile ou qu'il ne te convient pas. Tu sais comme moi que tant et aussi longtemps que nous n'avons pas osé mettre quelque chose en pratique, tout comme goûter à un nouvel aliment, nous ne pouvons pas savoir si ça nous convient. Ce serait dommage de passer à côté de quelque chose qui pourrait devenir très important pour toi et surtout avoir des résultats au-delà de tes espérances.

Pour ce livre, j'ai décidé d'utiliser que des photos non retouchées. Je sais que pour la publicité, les photos sont généralement retouchées, mais vu le sujet, j'ai cru bon de prendre cette décision.

Voici un court texte d'un auteur inconnu qui m'a inspirée et que je te partage pour te donner matière à réflexion.

VIEUX OU ÂGÉ ?

Comment se fait-il qu'avec la retraite, certains deviennent simplement « âgés », alors que d'autres deviennent « vieux » ?

C'est parce qu'être âgé, c'est différent d'être vieux.

Alors que l'âgé pratique le sport, la découverte, les voyages, le vieux se repose.

Alors que l'âgé a de l'amour à donner, le vieux accumule les jalousies et les rancœurs.

Alors que l'âgé fait des plans pour son futur, le vieux n'a que la nostalgie du passé.

Alors que l'agenda de l'âgé comprend surtout des lendemains, le calendrier du vieux ne contient que des « hier ».

Alors que l'âgé apprécie les jours à venir, le vieux souffre du peu de jours qui lui restent.

Alors que l'âgé fait des rêves en dormant, le vieux fait des cauchemars.

MAINTENANT VOUS ÊTES PRÉVENUS !
À VOUS DE CHOISIR !

Auteur inconnu.

Chapitre un

Qu'est-ce que la vieillesse ?

À quel moment le corps physique commence-t-il à vieillir ? Selon le dictionnaire Larousse, vieillir c'est : « Prendre de l'âge, aller peu à peu vers une période plus avancée de sa vie. » J'ai choisi d'utiliser les mots « prendre de l'âge » dans le titre de mon livre, car la plupart des gens adhèrent à l'idée préconçue qu'en prenant de l'âge on devient de plus en plus vieux et limité. Il est grand temps de créer une autre forme-pensée qui nous gardera jeune même si on prend de l'âge.

Être jeune, c'est avoir l'énergie et la capacité physique de faire ce que nous voulons en demeurant enthousiaste face à la vie. Ça ne signifie pas garder son corps de jeunesse. Ça ne veut pas non plus dire d'être immature ou de se vêtir comme un adolescent. Ce type de personnes démontre plutôt une incapacité à faire face à la vie, à comprendre la réalité, ce qui correspond davantage au syndrome de Peter Pan.

Il y a même des gens qui croient que parce qu'ils ont recours à des substances ou des moyens pour paraître plus jeune, la chirurgie esthétique par exemple, ils se croient plus jeunes. La jeunesse vient de l'intérieur et non de l'extérieur.

Les gens de plus de 50 ans que j'aide ont plus souvent des malaises qui les empêchent de vaquer à leurs activités habituelles, par exemple monter et descendre les marches rapidement. En utilisant le décodage d'*Écoute ton corps*, ils prennent conscience qu'ils ont accepté la croyance de leurs parents qui dit qu'à l'âge de 50 ans, on devient vieux et qu'on doit commencer à ralentir.

Les nombreuses recherches et tests scientifiques arrivent à des conclusions différentes quant au moment où le corps commence à vieillir. Dans certains cas, on stipule que c'est dès l'âge de 26 ans alors que dans d'autres on mentionne que c'est entre 26 et 42 ans. Il y a aussi une théorie qui dit que notre vie et notre corps changent tous les sept ans et que le corps physique commence à perdre de sa vigueur après la septième période de 7 ans, soit à l'âge de 50 ans. On dit aussi que les différentes parties du corps ainsi que les cinq sens ne vieillissent pas tous à la même vitesse. Il y a donc des gens, par exemple, qui ont un corps de 60 ans alors qu'ils en ont 35, tandis que d'autres ont un corps de 35 ans alors qu'ils en ont 60.

Cela dit on entend rarement parler du vieillissement des deux autres corps, soit les corps émotionnel et mental. En ce qui me concerne, ils sont beaucoup plus importants que le corps physique, car ce dernier n'est que leur reflet et ils sont beaucoup plus subtils.

Bien que la science ne prenne pas souvent en considération les corps émotionnel et mental, je suis heureuse de constater que de plus en plus de scientifiques et de médecins admettent que l'attitude d'une personne a une grande influence sur le vieillissement de son corps physique. Voilà pourquoi il est important de se prendre en main le plus tôt possible pour prendre de l'âge sans trop vieillir.

De plus en plus de jeunes entre 20 et 30 ans entreprennent une démarche spirituelle. Il faut dire qu'il y a de nombreux livres sur le sujet à présent et qu'il y a une multitude d'ateliers de développement personnel qui se donnent un peu partout dans le monde. Quand j'avais cet âge, il n'y avait que la notion de pensée positive.

J'ai eu plein d'expériences depuis ma tendre enfance, mais ce n'est que lorsque j'ai commencé à faire un travail d'introspection que j'ai compris leur signification. C'est en revenant sur des situations désagréables du passé que j'ai pris conscience que je ne voulais pas répéter plusieurs d'entre elles. Elles m'ont permis de découvrir ce que je ne voulais plus et j'ai pu ainsi me diriger vers ce que je voulais.

J'ai vécu dans ce que j'appelle l'inconscience jusqu'à l'âge de 40 ans. J'ai passé à travers un mariage et un divorce, j'ai eu trois enfants, une brève carrière en tant que secrétaire juridique ainsi qu'une longue carrière dans le domaine de la vente. Je vivais un peu comme un robot et je me laissais ballotter par les événements.

Lorsque j'étais dans le domaine de la vente, j'ai découvert le pouvoir de la pensée positive. Je m'appliquais à la cultiver le plus régulièrement possible. Puis, avec le temps, je me suis rendu compte que de me limiter à être positive et à répéter de belles affirmations n'était pas très bénéfique à long terme. C'était une solution temporaire à mes problèmes. Je n'en réglais jamais la cause en agissant ainsi. Je ne réalisais pas que ne rien changer dans mon comportement et dans mon attitude ferait en sorte que rien ne changerait à long terme.

Ma démarche spirituelle a commencé lorsque j'ai voulu trouver la cause de mes soucis amoureux, familiaux, financiers et de santé. Depuis ce temps, après avoir appris la notion de responsabilité, j'utilise toujours le même moyen pour trouver des réponses. Je me pose la question suivante : « Qu'y a-t-il en moi qui attire ce genre de situation ou de personne qui me fait vivre des difficultés ? »

Cette démarche m'a aussi menée à décider de vivre en laissant l'amour, l'intelligence et la responsabilité diriger ma vie. J'en avais assez de vivre avec des sentiments de culpabilité et des peurs, surtout la peur de ne pas être parfaite. Je croyais qu'il fallait l'être pour être aimée. Le problème c'est que je cherchais cette perfection dans le FAIRE plutôt que le ÊTRE. Quand j'ai compris que nous sommes toujours aussi parfaits que nous pouvons l'être à chaque instant, ce fut une libération pour moi. Le pouvoir de choisir est un cadeau inestimable pour chacun d'entre nous.

Un jour, j'ai vu un reportage très intéressant sur Rita Levi Montalcini, une neurologue italienne très connue qui est décédée à l'âge de 103 ans. Très avant-gardiste, elle est entrée à l'école de médecine en 1930 à l'âge de 21 ans. Elle a obtenu un prix Nobel en 1986 pour avoir découvert des facteurs de croissance des cellules nerveuses du corps en 1952. Ce qui m'a marquée d'elle c'est qu'elle répétait sans cesse ceci : « Que le corps fasse ce qu'il veut, je suis mon esprit. ».

Selon elle, les cellules du cerveau ne vieillissent pas. Elles se renouvellent. Elle disait aussi que nous avons tous une grande plasticité neuronale et qu'il n'y a aucune différence entre un cerveau féminin et masculin au niveau des fonctions cognitives, mais qu'il y en a une au niveau des fonctions émotives. Elle croyait qu'il est important de stimuler et d'activer le mental par des désirs, surtout en étant curieux, engagé et passionné. Elle m'a beaucoup inspirée en ce qui concerne la capacité de notre corps à rester jeune.

As-tu remarqué que ta perception de la vieillesse change constamment ? Lorsque j'avais 17 ans, je travaillais pour un avocat qui m'a fait des avances sexuelles. Je lui ai dit spontanément que je ne pouvais pas croire qu'un homme de son âge osait faire ça à une jeune fille. Pour moi, il était un homme âgé. Il n'avait que 35 ans à l'époque, était marié et avait 2 jeunes enfants. Il a été tellement surpris de ma réaction qu'il n'a jamais recommencé.

Tout ça pour dire qu'à cet âge-là je considérais que quelqu'un qui avait 35 ans était vieux. Plus j'avançais en âge, plus ma perception changeait. Un jour, j'ai cru qu'on était vieux à 50 ans. Quand j'ai eu 40 ans, les personnes de 70 ans me paraissaient vieilles. Aujourd'hui je n'ai plus de croyance à ce sujet. Ceci démontre bien à quel point on se limite nous-même à penser d'une certaine façon, et ce, dans bien des domaines. Un jour un centenaire m'a dit qu'*être agé, c'est être jeune plus longtemps que les autres.* Il avait compris l'importance de se sentir jeune.

J'ai 78 ans au moment d'écrire ce livre. À présent, je sais que le fait d'avoir été active tout au long de ma vie et de continuer de l'être est une des raisons pour lesquelles je me sens et reste jeune. J'ai aussi toujours suivi les conseils de la Dre Montalcini en demeurant curieuse, passionnée, engagée et en apprenant sans cesse des choses nouvelles. À ce jour j'ai plusieurs champs d'intérêt autres que mon travail à *Écoute ton corps*.

Depuis une dizaine d'années, chaque fois que je revois une personne (homme ou femme) que je n'ai pas vue depuis un an ou plus, elle me demande comment je fais pour rajeunir. Je suis toujours surprise par ce commentaire. Je m'attends plutôt à ce qu'on me dise que je fais plus jeune que mon âge, que je ne vieillis pas. Lors de mon dernier voyage en Russie, il y a de cela quelques mois, une jeune dame que je n'avais pas vue depuis cinq ans m'a aussi mentionné que j'avais rajeuni. C'est à ce moment-là que je me suis sérieusement demandé pourquoi les gens trouvaient que je rajeunissais. Que voyaient-ils en moi ?

Honnêtement, je ne rajeunis pas. Par contre je suis convaincue que je vieillis plus lentement que la moyenne des gens. Je le vois quand je me regarde dans un miroir. Je suis aussi très consciente que mon corps physique devient plus limité d'une année à l'autre.

Depuis que je songe à écrire ce livre, je suis devenue plus attentive à ce qui est différent chez moi. J'ai aussi observé ma famille, mes amis, mes connaissances qui ont soit mon âge ou sont plus jeunes que moi. Après mûre réflexion, j'en ai conclu que ce que les gens voient, c'est mon corps d'énergie qui est toujours jeune et en super forme. En effet, tous les matins, je me lève avec plein d'énergie. Je fais mes exercices physiques avec plaisir puis je suis prête pour entamer une journée productive. J'ai appris, il y a très longtemps, que nous sommes les seuls responsables de faire circuler l'énergie en nous afin qu'elle ne diminue jamais. Je te ferai découvrir dans ce livre comment je suis parvenue à la conserver.

Les sources d'énergie sont nombreuses autour de nous. Celle de notre corps peut être comparée à celle du soleil : elle est toujours présente et stable. Il y a aussi l'énergie tellurique qui provient du centre de la Terre. C'est l'union de ces deux énergies qui apporte la vie sur la Terre. Quand on sème une graine, c'est l'énergie de la terre combinée à celle du soleil qui lui permet d'éclore.

Comprendre mentalement la vie qui est engendrée par ces deux types d'énergie est difficile. Mais on peut facilement le constater visuellement. Ces énergies sont nécessaires aux trois corps de notre enveloppe matérielle, c'est-à-dire nos corps physique, émotionnel et mental. Ils y sont reliés par les sept chakras que j'ai expliqués en détail dans mon premier livre[1].

Le sujet de l'énergie fait partie de nos vies depuis longtemps. Les Indiens y portaient attention même s'ils n'utilisaient pas les mêmes mots qu'aujourd'hui. Ils parlaient de chakras, d'auras et de centres d'énergie chez l'humain et dans la nature. Les Chinois eux parlent de méridiens, de centres et de canaux d'énergie. Il n'est donc pas surprenant que l'énergie demeure un champ d'intérêt pour l'homme. Après tout, l'énergie c'est la vie !

---

1 *Écoute ton corps, ton plus grand ami sur la terre*, édité par Les Editions ETC en 1987.

En plus, elle est neutre, c'est-à-dire qu'elle n'est ni bonne ni mauvaise. Elle dépend de l'intention de la personne ou de l'objet qui l'émet. Par exemple, la télévision, la radio et l'internet sont des canaux qui peuvent soit augmenter ou diminuer notre énergie selon ce qu'ils diffusent. Le feu, le vent et l'eau sont également des énergies qui peuvent être constructives ou destructives. Il en est de même pour notre propre énergie.

Un autre fait intéressant à constater est que parmi les sept centres d'énergie du corps, c'est le centre cardiaque qui est en plein milieu de notre corps. Cette énergie fait battre notre cœur pour nous garder en vie. D'un point de vue métaphysique, si on veut que notre énergie circule bien de haut en bas et de bas en haut, cette région doit être ouverte. Pour qu'elle le soit entièrement, il est essentiel de s'aimer véritablement afin que notre corps et notre vie soient en harmonie.

Quand on est en déséquilibre physique, émotionnel ou mental, on perd le contrôle. C'est comme être sur une plateforme qui tourne rapidement. Quand on est centré sur celle-ci, tout va bien, mais aussitôt qu'on quitte le centre, rien ne va plus. Ton attitude dans chaque domaine de ta vie est la clé pour assurer une bonne circulation de l'énergie dans ton corps et avoir une vie bien équilibrée qui te gardera jeune. Ce sont les blocages d'énergie qui se manifestent aussitôt que tu n'es plus centré qui sont la grande cause du vieillissement prématuré. **La raison première de ces blocages est le manque d'amour de soi**.

Comme tous mes livres parlent d'amour de soi et des autres, celui-ci t'aidera à garder l'équilibre dans ta vie et à prendre de l'âge en gardant ta joie de vivre. Il t'aidera surtout à vivre tes dernières années dans la joie plutôt que dans le stress. Je te suggère fortement d'avoir lu mon premier livre, *Écoute ton corps, ton plus grand ami sur la terre*, ainsi que ceux sur les blessures soit *Les 5 blessures qui empêchent d'être soi-même* et *La guérison des 5 blessures* afin de comprendre plus facilement tout ce qui est mentionné dans ce livre.

Chapitre deux

Cinq facteurs importants du bien-être

Dans ce chapitre, j'expliquerai en détail les cinq facteurs du bien-être, car ils seront souvent mentionnés tout au long de ce livre. J'en ai parlé dans plusieurs de mes autres livres, mais prends en considération qu'il se peut que celui-ci soit une introduction à l'enseignement d'*Écoute ton corps* pour plusieurs personnes. Si ceci ne s'applique pas à toi, considère-les comme un rappel qui ne peut que t'être utile.

Les cinq facteurs dont je te parlerai sont : la responsabilité et l'engagement, l'amour inconditionnel, l'équilibre entre les trois corps, la conscientisation et la reconnaissance.

Ces facteurs ont été des plus importants dans ma vie afin que je demeure en forme et pleine d'énergie.

La responsabilité et l'engagement

La définition que nous en donnons dans l'atelier *Être bien avec soi et les autres* est la suivante : « Être responsable, c'est savoir que NOUS créons notre vie à chaque instant, selon nos choix, décisions, réactions et blessures non guéries et que nous devons en assumer les conséquences. Être responsable, c'est aussi savoir que les autres créent leur vie selon leurs choix, décisions, réactions, blessures non guéries et qu'ils doivent aussi en assumer les conséquences. ».

Le meilleur moyen pour savoir si tu es VRAIMENT responsable, c'est en vérifiant ta capacité à assumer les conséquences. Si tu blâmes quelqu'un d'autre pour ce qui t'arrive, TU N'ES PAS responsable. Si tu te crois obligé d'améliorer la vie de quelqu'un en assumant les conséquences de leurs actions et décisions, TU N'ES PAS responsable.

S'engager est différent par contre. La responsabilité est une notion spirituelle, c'est-à-dire qu'elle se situe au niveau du être, tandis que l'engagement est une notion matérielle, qui découle du avoir et du faire.

L'engagement, c'est une promesse verbale ou écrite, claire et précise. On peut s'engager envers soi ou les autres. Par exemple, je peux m'engager à aller aider ma sœur lors de son déménagement. Si je ne garde pas mon engagement, il y aura une ou des conséquences et j'en suis responsable.

Par contre, on ne peut pas s'engager à ÊTRE quelque chose. Par exemple, on ne peut pas promettre d'être toujours tolérant, mais on peut s'engager envers soi-même à faire quelque chose pour y parvenir, comme compter jusqu'à sept avant de répliquer trop vite !

Quand on s'engage à faire quelque chose, on peut se désengager, mais il faut se demander si on peut en

espace culturel
E.Leclerc
Espace Culturel et
Technique
E.LECLERC MERIDIEN
65420 IBOS
TEL: 05.62.90.62.26
BONJOUR,

CARTE BANCAIRE

A0000000421010
CB
le 09/07/20 a 17:37:42
E.LECLERC
IBOS
65420
8509321 59278004300028
13149
XXXXXXXXXXXX5948
E5D5AE57A9E4CDB8
111 001 003081
C

MONTANT = 16,63 EUR
DEBIT

TICKET CLIENT
A CONSERVER

espace culturel E.Leclerc

Espace Culturel et Technique

E.LECLERC MERIDIEN

65420 IBOS

TEL: 05.62.90.62.26

BONJOUR.

CARTE BANCAIRE

A0000000421010

CB

le 09/07/20 a 17:37:42

E.LECLERC

IBOS

65420

8509321 59278004300028

13149

XXXXXXXXXXXX5948

E5D5AE57A9E4CDB8

111 001 003061

C

MONTANT = 16,63 EUR

DEBIT

TICKET CLIENT

A CONSERVER

assumer les conséquences. Par contre, nous sommes responsables de nous-mêmes tout au long de notre vie, que nous le voulions ou pas. C'est aussi vital pour notre être que la respiration l'est pour le corps physique.

L'amour inconditionnel

Dans le premier chapitre, j'ai mentionné que notre centre d'énergie cardiaque doit demeurer ouvert pour que l'énergie circule bien dans notre corps. Mais que doit-on faire pour qu'il soit ouvert ? Il faut écouter son cœur au lieu d'écouter son ego. Voilà pourquoi il est important de se rappeler sans cesse ce que veut dire s'aimer (et aimer les autres) inconditionnellement.

L'amour véritable de soi et des autres, c'est se donner le droit d'ÊTRE ce que nous sommes à chaque instant, que ce soit positif ou négatif, sans se juger ni se sentir coupable. C'est se donner le droit d'être humain avec des défauts et des qualités, des forces et des faiblesses, etc. Quand on aime, on accepte, on accueille, on constate sans jugement.

Le concept spirituel de l'amour inconditionnel ainsi que celui de la responsabilité ne peuvent être compris mentalement par notre ego qui a été créé avec de l'énergie mentale. **Être d'accord**, c'est avoir la même opinion, c'est se conformer à ce que nous avons appris mentalement, c'est écouter nos croyances. Cette notion mentale, donc matérielle, est complètement différente de l'amour véritable. Quand on s'accepte, MÊME si nous ne sommes pas d'accord, on s'aime véritablement. En résumé, être d'accord est un concept mental et accepter et aimer sont des concepts spirituels.

Prenons l'exemple de la tolérance et de l'intolérance. Supposons que tu te mets facilement en colère et que tu juges souvent. Cela signifie que tu es intolérant, c'est-à-dire que ton ego te fait savoir qu'il n'est pas d'accord. En même temps, tu peux ressentir le besoin d'être plus tolérant et patient puisqu'il arrive souvent qu'il y a deux parties en nous qui se contredisent.

Lorsque tu es dans une situation qui te fait vivre de l'intolérance envers quelqu'un, une partie de ton ego te dit que tu devrais être plus tolérant et il commence à te faire sentir coupable. Elle te rappelle que ça fait longtemps que tu veux changer, mais que tu n'y arrives pas. Une autre partie te dit aussi que tu as raison d'être intolérant envers cette personne.

L'ego semble aimer nous balloter entre les émotions, mais en réalité, il ne peut pas faire autrement, car il agit toujours selon toutes les mémoires acquises. Je te rappelle que l'ego est la totalité de toutes nos croyances depuis déjà de nombreuses vies. Quand il cherche à nous faire sentir coupable et à nous faire croire que c'est toujours la faute des autres, il croit nous protéger ainsi. Il lui est impossible de savoir qu'au lieu de nous aider, ça nous nuit.

Afin d'arriver à changer véritablement, il suffit de te donner le droit d'être intolérant dans cette situation. Ainsi, tu t'autorises à être humain et tu t'acceptes, même si tu n'es pas d'accord. Peu à peu, à force de te donner le droit de ne pas être ce que tu veux être pour le moment, tu arriveras à être tolérant plus souvent.

En agissant ainsi envers toi-même, il te sera plus facile de donner le droit aux autres d'être comme ils sont. Souviens-toi également que toutes les personnes qui sont autour de toi sont des guides qui t'indiquent ton degré d'acceptation face à toi-même.

Quand on s'aime réellement, avec nos défauts et nos qualités, c'est qu'on a passé par l'étape du **lâcher-prise.** Le lâcher-prise – qui signifie ne pas être attaché au résultat – se situe au même niveau que l'ego, ce qui nous aide à avoir le dessus sur notre lui. Dans l'exemple précédent, le résultat souhaité était d'être plus tolérant envers les autres. On croit souvent qu'en étant tolérant on sera une meilleure personne, qu'on sera aimé davantage. En fait, lorsqu'on lâche prise sur cette croyance ça nous aide à nous accepter complètement. Habituellement, ça prend plusieurs actions de lâcher prise avant d'arriver à l'acceptation totale.

L'amour véritable et inconditionnel n'est présent que lorsque nous acceptons les aspects positifs et négatifs de notre attitude. Quand nous ne vivons plus de malaise en manifestant une attitude négative, c'est que nous nous aimons véritablement. Ce n'est qu'à ce moment que nous pouvons avoir de la compassion pour nous-même et pour les autres.

L'équilibre entre les trois corps

Être équilibré, c'est être stable et en harmonie, c'est-à-dire que les rapports entre les différents aspects de notre vie sont égaux donc balancés.

Le manque d'équilibre est un gros problème dans la société d'aujourd'hui. Certaines personnes portent trop attention à leur corps physique et oublient les besoins de leurs corps émotionnel et mental. Avant de faire une activité physique quelconque, que ce soit manger, boire ou faire du sport, elles ne prennent pas le temps de vérifier si cette activité répond vraiment à un besoin de leur être ainsi qu'aux deux autres corps. Si tu te sens coupable de ne pas faire quelque chose ou si tu le fais pour ne pas te sentir coupable, ceci te concerne.

D'autres sollicitent beaucoup trop leur corps émotionnel. Au lieu de sentir véritablement, ils vivent plein d'émotions, éprouvent des désirs, ont des rêves qui ne se manifestent pas, ont des attentes, vivent des déceptions, etc. Elles se croient responsables du bonheur et du malheur des personnes qu'elles aiment. Les émotions usent le corps émotionnel alors que sentir l'alimente.

Et toi, sais-tu sentir réellement ? Personnellement, je ne me suis jamais posé cette question avant l'âge de 40 ans puisque je n'étais pas consciente de ma difficulté à sentir véritablement. Lorsque j'ai créé mon école, j'ai dû attendre une dizaine d'années avant d'enseigner le senti. C'était un sujet très subtil et j'avais de la difficulté à expliquer comment j'arrivais à sentir. C'est devenu beaucoup plus facile lorsque j'ai pu faire une différence entre une émotion et un sentiment ainsi que la différence entre sentir, ressentir et vivre une émotion. Voici la différence, car ces trois termes seront souvent utilisés dans ce livre :

- **Sentir** c'est utiliser sa sensibilité pour observer ce qui se passe à l'intérieur de soi. On peut avoir des sentiments positifs ou négatifs. On peut sentir en soi la joie tout comme la peur. On sent véritablement quand il n'y a pas de jugement, seulement de l'observation. C'est une fonction de notre être en entier.
- **Ressentir** c'est percevoir la charge affective présente dans l'environnement. Ça vient donc de l'extérieur. C'est une fonction de notre corps émotionnel.
- Une **émotion** est une agitation intérieure causée par une accusation mise en mouvement par une peur pour soi. C'est donc une fonction de nos corps mental et émotionnel.

La grande majorité des gens sont comme moi, c'est-à-dire qu'ils n'ont pas appris à sentir lorsqu'ils étaient des enfants. Ce n'est qu'en vérifiant ce qui se passe en nous, en étant prêt à faire face à toutes les conséquences possibles que nous pouvons sentir véritablement. L'ego nous en empêche puisqu'il vient du mental et qu'il ne peut comprendre ce mot. Il nous fait donc vivre dans le déni puisqu'il croit que ceci nous évitera de souffrir. Il sait que si nous sentons ce qui se passe au plus profond de nous, nous vivrons des émotions et des peurs et il croit, à tort, que nous ne pourrons pas les gérer. Il ne comprend pas que lorsque nous sommes dans notre cœur et que nous sentons véritablement, nous sommes capables de faire face à ce qui se présente à nous. Nous avons toujours deux choix dans la vie : écouter notre ego ou écouter notre cœur.

En ce qui concerne la dimension mentale, de plus en plus de gens en abusent de nos jours au point d'oublier les besoins de leurs corps physique et émotionnel. La technologie d'aujourd'hui fait en sorte qu'il y a très peu de communication verbale entre les gens. Tout le monde communique via les réseaux sociaux, la messagerie texte, les courriels, etc. La plupart des gens ne peuvent même pas passer plus de dix minutes sans consulter leur téléphone.

Il y a aussi énormément de peurs sur notre planète. La peur use notre corps mental et le fait vieillir ce qui crée un cercle vicieux : la peur fait vieillir et plus on vieillit, plus on a peur rapidement. Pourquoi ? Parce qu'on manque d'énergie mentale pour faire face aux situations plus critiques ou imprévues. La personne vieille, quel que soit son âge, finit par avoir peur de tout. Elle ne réalise pas qu'il est impossible de vivre en étant continuellement effrayé. En demeurant ainsi, elle finit par rendre ses corps physique et émotionnel malades.

Il arrive souvent que les gens souffrent d'hypertension lorsque leurs trois corps sont déséquilibrés. De nombreux clients d'*Écoute ton corps* n'en souffrent plus depuis qu'ils ont changé leur façon de vivre.

L'homme manque d'équilibre. Les trois corps devraient être utilisés harmonieusement et devraient répondre aux besoins de notre être afin que nos vies personnelle, professionnelle et familiale soient équilibrées. Nous en parlerons souvent dans ce livre.

La conscientisation

Quand j'ai eu environ 25 ans, j'ai décidé de devenir plus consciente des grandes lois de la vie. Cette décision a eu et continue d'avoir une grande influence dans ma vie. À force de découvrir des choses en moi, je me suis aperçu à quel point mes blessures m'ont empêchée de me voir telle que je suis.

J'ai encore beaucoup à apprendre et j'en suis très consciente. Quand j'ai fondé l'école *Écoute ton corps* à l'âge de 41 ans, j'étais convaincue de savoir plein de choses à mon sujet. Aujourd'hui je sais que j'avais à peine touché à la pointe de l'iceberg.

En ce moment, nous sommes dans l'ère du Verseau. Nous sommes chanceux de la vivre puisque l'évolution de la conscience de l'humanité est accélérée. Les gens sont beaucoup plus éveillés qu'auparavant. D'ailleurs l'homme se surpasse dans plusieurs domaines actuellement. On peine à suivre l'évolution technologique. La robotique prend de plus en plus de place dans nos vies, les voitures deviennent autonomes et il y a même des imprimantes 3D qui peuvent produire toutes les pièces nécessaires à la fabrication d'une maison !

L'énergie de l'ère du Verseau en est une de grands changements. Si tu veux bien les vivre, tu dois être ouvert à te transformer profondément. Cette ère nous apporte l'énergie nécessaire pour nous diriger davantage vers l'intelligence et le respect qui sont des aspects essentiels pour vivre dans l'amour véritable.

Il y a aussi une énergie qui s'oppose à celle de l'ère du Verseau et qui veut nous empêcher d'aller vers le bien-être que nous apporte l'amour. Tu n'as qu'à écouter les nouvelles et tout ce qui est présenté à la télévision et au cinéma pour t'en rendre compte : la violence et la peur y sont beaucoup plus présentes que l'amour.

Ceci nous permet d'agir avec discernement et à choisir ce dont nous avons besoin au lieu de nous laisser influencer par des énergies qui nous éloignent de la paix et de l'amour. L'ère du Verseau nous aide à devenir plus conscients que les générations précédentes.

Cependant, pour être véritablement conscient, nous devons être capable de sentir ce qui se passe en nous, ce que nous vivons au plus profond de nous. Ceci demande de la pratique.

Par contre, je veux t'aviser qu'il se peut que le fait de devenir conscient te fasse vivre des émotions. Je me souviens que lorsque je suis devenue consciente de ce que signifiait aimer véritablement et inconditionnellement, je m'en suis voulue de ne pas l'avoir été plus tôt. Je me suis sentie coupable d'avoir fait le contraire avec mes proches, surtout mon mari et mes enfants. Sois donc alerte de ne pas tomber dans ce piège de l'ego.

Maintenant chaque fois que je découvre une nouvelle croyance, une peur ou une qualité et que j'apprends quelque chose sur moi-même, je suis émerveillée, ce qui me donne un regain d'énergie, même si c'est quelque chose que je n'aime pas à mon sujet. Le seul fait de devenir consciente me rend heureuse puisque ça me permet de passer à autre chose et d'écouter davantage les besoins de mon âme.

Donner des outils aux gens pour qu'ils deviennent de plus en plus conscients est la spécialité de mon école. Ces outils sont toujours sous la forme de questions qui peuvent être constamment réutilisées. L'outil de décodage en est un qui peut être utilisé pour tout problème, qu'il soit d'ordre physique, émotionnel ou mental.

Il aide à découvrir les désirs et le besoin cachés derrière un problème ainsi que la croyance de l'ego qui bloque ce besoin. Voici une version abrégée des questions suggérées de cet outil :

1. Ce problème m'empêche d'avoir et de faire quoi ? **Ta réponse t'aide à devenir conscient de désirs bloqués.**

2. Le fait de ne pas pouvoir avoir et faire ce que j'ai répondu à la première question m'empêche d'être quoi ou de me sentir comment ? **Ta réponse est l'indication d'un besoin de ton âme qui est bloqué.**

3. Si j'étais ce que je veux être, que j'avais et faisais ce que je souhaite, j'aurais peur de quoi ? **Ta réponse te fera découvrir la croyance de ton ego qui t'empêche d'être toi-même et d'écouter ton besoin véritable.**

Ma croyance est **être ... (n° 2 = n° 3).**

Au lieu de t'inciter à avoir peur de ton problème, cet outil t'aide à l'accepter, à être davantage conscient de tes besoins. Prendre le temps de faire cet exercice est un geste d'amour envers toi-même.

Je tiens à préciser que devenir conscient ne veut pas nécessairement dire apprendre quelque chose. Apprendre utilise l'énergie mentale. On peut donc lire des centaines de livres, avoir plein de connaissances et avoir une mémoire extraordinaire, ça ne veut pas dire qu'on est conscient. La conscientisation se situe au niveau de l'être, donc spirituel.

La vraie prise de conscience n'est possible que lorsqu'on met en pratique ce que nous avons appris. Malheureusement, beaucoup de gens décident de se prendre en mains, apprennent des moyens pour y arriver puis oublient de les appliquer dans leur quotidien. Ils sont donc connaissants, mais pas conscients.

Prenons maintenant un exemple concret. Supposons que tu as un problème récurrent avec ta belle-soeur et que tu la blâmes toujours pour celui-ci. Puis, en utilisant l'outil de décodage, tu découvres un aspect de toi que tu ne voulais pas voir auparavant. Le fait d'en être conscient te permet de prendre ta propre responsabilité vis-à-vis la situation et de réaliser que tout part de l'intérieur de toi.

Tu seras ainsi prêt à ouvrir ton cœur et à aller vers ton besoin. Tu verras alors ta relation se transformer. Parfois tu seras à nouveau ce que tu ne veux pas être. Donne-toi alors le droit d'être humain.

Notre vie est beaucoup plus équilibrée lorsque nous prenons notre responsabilité, que nous nous aimons et que nous sommes conscients.

Si le problème avec ta belle-soeur persiste malgré la prise de conscience, cela signifie que tu as encore peur de quelque chose et que tu continues de croire ton ego. Ne tombe pas dans son piège s'il te dit que cette méthode ne fonctionne pas et que le problème demeure parce que ta belle-soeur ne veut pas changer. Si l'outil est utilisé correctement, tu auras un résultat positif.

De nos jours, les outils disponibles pour devenir conscient sont si nombreux que nous n'avons pas de raison pour demeurer inconscient.

Bref, je t'invite à accorder davantage d'importance à la conscientisation qu'à l'acquisition de connaissances dans ta vie. Apprendre du nouveau, c'est agréable, mais nous devons nous assurer que ce que nous voulons savoir nous aidera à nous sentir mieux, à être davantage dans la paix, l'amour et le bien-être.

La reconnaissance

Nous savons tous à quel point il est important d'être reconnaissant, mais nous oublions souvent de l'être. La plupart d'entre nous ont appris à dire merci régulièrement lorsque nous étions jeunes. Nos parents nous obligeaient à le dire. Je suis devenue consciente de ceci avec mes petits-enfants. Souvent, lorsque je donnais quelque chose à un de mes petits-fils ses parents lui disaient : « Dis merci à Lise. »

Je voyais que l'enfant était réticent à le dire. Pourquoi dirait-il merci ? Après tout il n'avait pas nécessairement demandé ce que je venais de lui donner. Il finissait par le dire pour avoir la paix, pour être poli. Te souviens-tu avoir vécu cela étant enfant ? C'est en observant mes petits-enfants que je me suis souvenue de ces moments-là dans mon enfance. Le pire c'était quand ma mère me demandait d'embrasser quelqu'un quand je recevais un cadeau.

Nous disons donc souvent merci par habitude. Nous ne ressentons pas nécessairement de la gratitude.

Prends-tu le temps de sentir ce qui se passe en toi quand tu remercies quelqu'un ou l'Univers pour quelque chose qui vient d'arriver ? Si tu sens que ton cœur s'ouvre, c'est que tu es très reconnaissant. **Ce n'est que lorsque nous sommes dans notre cœur et dans l'instant présent que nous apprécions vraiment toute chose.**

Ça m'a pris des années avant de comprendre que nous devrions avoir de la gratitude tous les jours et pas seulement lorsque nous recevons quelque chose. Au départ, j'ai dû me pratiquer à être reconnaissante consciemment et volontairement quotidiennement. Un jour, je n'ai plus eu besoin d'y penser. Ça se faisait naturellement.

Je te suggère de prendre le temps d'être reconnaissant régulièrement en portant attention à ce que tu ressens intérieurement quand tu dis merci. Avec le temps, tu verras que ce simple geste te donne de l'énergie.

Pour ma part, j'ai pris l'habitude de dire merci à mon GPS que j'ai baptisé *Joséphine*. Chaque fois que je l'utilise, je remercie intérieurement la personne qui l'a inventé, puis, quand j'arrive à bon port, je dis à voix haute : « Merci Joséphine de toujours bien me guider. ». Quand j'ai des gens avec moi, ils trouvent toujours cela très drôle.

Une autre occasion où je dis souvent merci c'est lorsque je suis inspirée ou que je trouve une réponse à une question que je me posais depuis un moment. Je prends toujours le temps de dire : « Merci mon Dieu intérieur de toujours être là pour m'aider. »

Des petits bonheurs quotidiens nous en avons tous. Ça peut être plein de choses comme le sourire d'un étranger, le regard d'un bébé, l'odeur de la nature, le vent qui caresse notre peau, les flocons de neige qui scintillent et tombent tout doucement, la vue d'un superbe bijou dans une vitrine, un vêtement qu'on étrenne, un compliment qu'on reçoit, la nature qui s'éveille au printemps, l'éclosion d'une fleur, l'odeur d'un bon repas, la satisfaction d'une journée bien remplie, un petit mot d'amour imprévu, un enfant qui te serre dans ses bras pendant quelques secondes, un service rendu avec plaisir, un collègue qui t'apporte un café et un croissant au travail, etc.

Et toi, les reconnais-tu tous ces petits bonheurs dans ta vie qui ne durent souvent que quelques secondes ?

Ressens-tu le baume qu'ils mettent sur ton cœur ? La plupart du temps, on ne pense pas à dire merci dans ces moments-là, mais le plus important c'est ce que tu ressens parce que c'est la gratitude qui vient de ton cœur et non de ta tête qui est énergisante. Ce n'est pas un hasard si le cœur est l'organe qui transporte le sang (donc l'énergie) partout dans le corps. L'état psychologique dans lequel tu es détermine la qualité du sang qui circule en toi. Plus ton sang est pauvre, plus il te manque des nutriments et plus ton corps vieillit. Plus ton sang est riche d'amour, plus chaque partie de ton corps reçoit une meilleure qualité d'énergie. Être reconnaissant améliore ta santé physique.

Une autre façon de pratiquer la reconnaissance tous les jours, c'est de prendre le temps de le faire au lever et au coucher. Je fais ça depuis très longtemps. Lorsque je me lève le matin, la première chose à laquelle je pense c'est que j'ai hâte de voir quel cadeau la vie m'apportera aujourd'hui. Puis, lorsque je me couche, je prends le temps de dire merci pour toutes sortes de choses. Je tiens à cette habitude, car même si je dis souvent merci durant la journée, j'en oublie toujours. C'est donc un bon moment pour compléter mes remerciements.

Je commence presque toujours par remercier mon corps. Je trouve facilement trois ou quatre situations différentes dans lesquelles il a répondu à ma demande. Je l'apprécie de plus en plus en prenant de l'âge, car il continue à bien me servir. Par exemple, je lui dis merci depuis plusieurs années pour ma chevelure qui est beaucoup plus fournie que lorsque j'avais 20 ans et pour le fait qu'elle se coiffe très facilement.

En revanche, je m'occupe bien de lui. Quand, par exemple, je fais une escale dans un aéroport et que je dois courir en transportant des sacs pour attraper un deuxième avion, je remercie sans arrêt mon corps d'être encore capable de faire ça pendant que je cours. Aussitôt que je suis bien assise dans l'avion, je prends le temps de lui parler à nouveau en lui promettant de bien le reposer à mon arrivée chez moi.

Penses-tu à dire merci à ton corps de bien digérer, de bien éliminer ? Remercies-tu ton cœur de battre sans relâche ? Quand tu te couches, repasse ta journée en pensée et remercie dans l'invisible certaines personnes, sans oublier la personne la plus importante, TOI.

Chaque moment que tu apprécies et pour lequel tu es reconnaissant te permet de rester jeune, car l'énergie circule bien en toi. En plus ça ne coûte rien et c'est accessible à tous. Avec le temps, ce sera naturel pour toi d'agir ainsi.

Chapitre trois

Les peurs associées au vieillissement

As-tu déjà pris le temps de vérifier quelles sont les peurs que tu ressens quand tu penses à tes vieux jours ? Si tu ne l'as jamais fait, je te suggère de les noter et de vérifier ce qui se passe en toi quand ton ego te fait peur.

Je parle beaucoup d'ego dans mon enseignement, mais je vais en glisser quelques mots ici pour ceux qui ont besoin d'un rappel et aussi parce que l'ego s'acharne à nous faire oublier rapidement ce qu'on apprend à son sujet pour ne pas qu'on en soit trop conscient. Il est donc primordial d'être conscient de notre ego afin de savoir qui nous écoutons : lui ou notre cœur.

L'ego représente toutes nos croyances au bien et au mal et se manifeste par toutes les petites voix mentales qui nous font sentir un malaise physique ou psychologique. Donc toutes nos peurs sont l'œuvre de notre ego.

Il a été créé chez l'homme il y a de cela des millions d'années quand la notion du bien et du mal a débuté sur la terre. Il se sert donc de l'énergie mentale de l'humain. Les animaux n'ont pas d'ego, car leur dimension mentale n'est pas aussi développée que chez l'humain. Les peurs que les animaux vivent ne viennent pas de l'ego, car ce sont des peurs réelles : elles sont d'ordre physique. Les peurs qui viennent de l'ego sont irréelles puisqu'elles proviennent de notre imagination. Comment différencier une peur réelle d'une peur irréelle ? Une peur réelle signifie qu'il y a un danger véritable au moment de la peur. Par exemple, lorsque tu fais un faux pas en descendant un escalier et que tu sens que tu vas tomber, la peur que tu vis est réelle. Ton corps, aidé par ton mental, fera tout ce qu'il peut pour t'empêcher de chuter. Toutes tes facultés mentales et physiques sont donc mises à contribution afin que tu retrouves ton équilibre. Même si tu parviens à ne pas tomber, ton cœur battra plus vite et tu auras certainement des sueurs, ce qui est normal. Il te faudra bien respirer pour ramener ton corps à son état normal.

Ensuite, il se peut que ton ego prenne le dessus en te critiquant, en te disant que tu n'as pas été assez attentif et en te montrant plein d'images de ce qui aurait pu arriver si tu avais dégringolé l'escalier. Tu t'imagines par exemple avec une jambe cassée et penses à toutes les conséquences que ça aurait eues dans ta vie.

Ça, ce sont des peurs irréelles. On devient souvent très fatigué quand on vit ce genre de peur. Tu as certainement vécu une situation semblable. Ce sont ces peurs qui font vieillir tes corps physique, émotionnel et mental. Pourquoi ? Parce qu'aussitôt que tu as peur, ton corps produit de l'adrénaline pour te donner la force et la présence d'esprit nécessaires pour faire face au danger. Comme il n'y a pas de véritable danger, le travail que ton corps fait l'use et l'adrénaline qu'il a produit, mais que tu n'as pas utilisée, te cause du tort au lieu de t'aider. Souviens-toi que toute peur irréelle est l'œuvre de ton ego qui essaie sans cesse de diriger ta vie.

L'ego ne connaît rien d'autre que ce qui a été imprimé dans la mémoire de ton corps mental dans cette vie-ci et les précédentes. Il est constitué de souvenirs qui sont basés sur le bien et le mal. Les autres souvenirs enregistrés dans le mental sont ceux qui nous aident à vivre sur cette planète, tels que comment écrire, calculer et quel trajet prendre pour se rendre chez soi, etc.

Savais-tu que lorsque tu meurs ce n'est que ton corps physique qui meurt et qui retourne à l'énergie ? Tes corps émotionnel et mental ne meurent pas, car ils font partie de ton âme qui est immortelle. Cette dernière se retrouve dans le monde de l'âme avec tous les souvenirs qu'elle a acquis. Elle fait alors le bilan de sa dernière vie avec l'aide de son guide spirituel puis elle se prépare à la prochaine. Ce cycle se répétera jusqu'à ce que tu atteignes l'harmonie totale, c'est-à-dire quand tu vivras dans l'amour inconditionnel dans tous les aspects de ta vie.

On dit que tous ceux qui vivent dans les pays plus développés ont des centaines voire des milliers de vies à leur actif. Leur ego a donc accumulé un très grand nombre de croyances qui sont inscrites dans la mémoire de l'âme. Chaque peur irréelle que nous avons est activée par une croyance à laquelle nous avons accepté d'adhérer après qu'une peur réelle soit arrivée.

Revenons à l'exemple de la chute dans un escalier. Si ton ego te fait voir l'image d'une jambe cassée, c'est signe que ça t'est déjà arrivé ou que tu as vu quelqu'un se blesser de cette façon, que ce soit dans cette vie-ci ou une autre. Il est donc fort probable qu'à partir de ce moment-là tu aies décidé de croire que si tu chutes tu te casseras une jambe et que tu dois donc toujours faire attention pour ne pas que ça se reproduise. Ton mental, par l'intermédiaire de ton ego, a donc enregistré ce message qui est devenu une croyance.

Notre ego entretient d'innombrables croyances dans tous les domaines de notre vie. On l'écoute beaucoup plus que notre cœur parce que nous ne sommes pas conscients des vrais besoins de notre être, ce qui fait en sorte qu'il dirige notre vie. Ce n'est qu'en devenant conscient de nos croyances que nous pouvons diriger notre propre vie. Des recherches psychologiques disent que l'homme ne serait conscient que de 5 à 10 % de ce qui se passe à l'intérieur de lui, ce qui inclut ses peurs.

Voilà pourquoi je t'ai suggéré de noter celles dont tu es conscient. Tu en découvriras certainement d'autres d'ici à la fin de ce livre. Si tu demeures ouvert, tu continueras sans cesse d'en découvrir dans les années à venir.

Comme je l'ai mentionné dans le chapitre précédent, l'ère du Verseau nous apporte l'énergie et les connaissances nécessaires pour que nous devenions plus conscients de ce qui se passe en nous. Hélas ! l'ego a une emprise si grande sur l'homme qu'il l'empêche de profiter de cette belle opportunité en le faisant vivre constamment dans la peur.

De plus il croit que nous sommes ce que nous possédons et ce que nous faisons, ce qui fait en sorte que nous nous valorisons selon nos performances, notre apparence, notre argent, nos biens et notre profession alors que nous sommes bien plus que cet aspect physique de nous-même.

La tendance générale est qu'on commence à se sentir vieux vers l'âge de 65 ans qui représente l'âge de la retraite dans la plupart des pays. Par contre, quand on travaille dans une entreprise, on se sent vieux vers 45 ans, soit quand on commence à se faire appeler un senior – un terme qui n'aide pas à se sentir jeune – et qu'on voit les jeunes prendre de plus en plus de place.

Ce sentiment d'être vieux est aussi accentué lorsqu'on voit à quel point les jeunes sont ultrarapides et efficaces dans le domaine de l'informatique. Dans de nombreuses sociétés, on préfère avoir des juniors plutôt que de garder des seniors qui ont de plus gros salaires. On leur offre donc souvent une compensation monétaire pour qu'ils prennent leur retraite plus tôt. Il y a aussi une croyance générale véhiculée par notre ego qu'il est très difficile de se trouver un nouveau travail après 45 ans et encore plus difficile de débuter une nouvelle carrière.

Ce que la plupart des gens ne savent pas, c'est que **nous décidons nous-même quand nous sommes vieux.** Je connais des gens qui ont 100 ans et ne sont pas vieux : ils ont une très belle qualité de vie, sont très présents mentalement et autonomes physiquement. Pourquoi ? Certains diront que c'est parce qu'ils ont de bons gènes, qu'ils sont chanceux, etc., mais c'est faux. Que crois-tu à ce sujet ? Es-tu capable de sentir au plus profond de toi que tu as le pouvoir de décider quand tu seras vieux ou vieille ? Il est important de savoir que l'expression de ton ADN change selon ta façon de penser. La lecture du bagage génétique avec lequel tu es né peut donc être modifiée. Pour ma part, je me suis aperçue de ce phénomène surtout depuis que j'ai atteint l'âge de 70 ans et que je continue à être aussi active qu'à l'âge de 50 ans.

Les gens me partagent souvent leurs peurs. Voici celles qui reviennent souvent.

- J'ai 60 ans et j'ai déjà de la difficulté à marcher. Qui va s'occuper de moi quand je ne pourrai plus marcher plus tard ?
- Je n'ai pas d'enfant. Quelle sorte de vieillesse aurai-je tout seul ?

- J'ai des enfants, mais nous n'avons pas une bonne relation. Comme je ne peux pas compter sur eux, que vais-je devenir ?
- Chaque fois qu'une personne que j'aime meurt, j'ai davantage peur de mourir.
- Quand je vais visiter ma mère à sa résidence pour personnes âgées, j'ai peur à l'idée que je vais finir mes jours ainsi.
- Je ne peux tolérer de voir mon corps vieillir et mes capacités diminuer. Plus le temps passe, plus j'ai peur.
- Je veux vivre longtemps, mais je ne sais pas comment je vais y arriver avec le peu d'argent que j'ai en réserve.
- Je vais prendre ma retraite dans cinq ans et je n'aurai que la pension du gouvernement pour subvenir à mes besoins. Que vais-je faire ? Comment vais-je pouvoir vivre avec si peu ?
- J'entends souvent que d'ici quelques années il n'y aura plus d'argent dans les coffres de l'État pour les retraités. Cette idée me fait paniquer, car je comptais beaucoup sur cet argent pour ma retraite.
- J'ai toujours aimé me sentir utile. Que va-t-il m'arriver quand je ne pourrai plus faire grand-chose ? Plus j'avance en âge, plus cette idée me fait peur.
- J'oublie de plus en plus de choses et je ne peux m'empêcher de penser que je vais peut-être souffrir d'Alzheimer. C'est épouvantable de finir ses jours avec

cette maladie parce qu'on devient un fardeau pour les autres. Ma grand-mère en a été atteinte pendant 17 ans avant qu'elle ne meure. C'était affreux. On se forçait pour aller la voir de temps en temps et l'idée que ça pourrait m'arriver me terrifie.

- J'ai 62 ans et je dois porter un appareil pour bien entendre, ce que je n'arrive pas à accepter. Je ne peux plus m'amuser et vivre comme avant. Je me sens déjà vieux et je trouve ça injuste. En plus je serai peut-être complètement sourd un jour.
- Il y a tellement de sortes de cancers maintenant que chaque année j'ai de plus en plus peur d'apprendre que je suis atteint de cette maladie. On me dit que c'est fort possible, car plusieurs en sont décédés dans ma famille.
- J'ai peur de passer à côté de quelque chose d'important pour moi quand je vois qu'avec l'âge, il me reste de moins en moins de temps à vivre.
- Maintenant que je suis à la retraite, j'ai peur de prendre la mauvaise décision : dépenser mon argent pour moi ou la garder pour mes héritiers ? Je me sens coupable d'un côté ou de l'autre.

Hélas ! Toutes ces peurs nous empêchent de vivre dans la confiance et la paix intérieure. Si tu te reconnais dans plusieurs des peurs décrites ci-dessus, ce serait peut-être une bonne idée d'écouter moins les nouvelles dont la majorité ne fait qu'alimenter nos peurs. D'ailleurs, as-tu remarqué que chaque année on découvre plein de produits ou d'aliments cancérigènes ? On n'a qu'à penser aussi à toutes les indications sur les paquets de cigarettes qui disent que le tabac tue les gens ! C'est toute une programmation mentale ça ! Quand tu auras accepté l'idée que les maladies viennent de l'intérieur de toi (ta façon d'être) et non de l'extérieur, tu verras une nette amélioration dans ta joie de vivre et tes peurs diminueront.

Une autre peur courante qui affecte les femmes, c'est celle de la ménopause. Les hommes aussi vivent une période similaire qu'on appelle l'andropause. C'est un phénomène biologique, caractérisé par la baisse de testostérone, que la médecine qualifie de processus naturel de vieillissement et qui affecte environ 30 % des hommes qui ont entre 40 et 55 ans. Pourquoi y a-t-il 70 % des hommes qui prennent de l'âge et qui n'en souffrent pas ? Selon moi, c'est un processus normal plutôt que naturel dépendamment des croyances de certains hommes. Je suggère à ceux qui lisent ce livre de changer votre perception du mot vieillesse si vous voulez garder votre production de testostérone plus active.

En ce qui concerne les femmes, certaines ont des symptômes très douloureux durant leur ménopause alors que d'autres en ont des minimes qui sont en fait naturels puisqu'ils sont dus au changement hormonal qui se produit entre 45 et 55 ans. Une grande cause des problèmes vécus durant la ménopause est la perception négative que notre société a créée à ce sujet. La femme croit que son corps décline et vieillit, qu'elle n'est plus une véritable femme. Les problèmes peuvent aussi être d'ordre physique comme avoir un foie intoxiqué ou avoir trop de toxines accumulées dans le système, ce qui n'a rien à voir avec la ménopause.

Comme la femme perd de l'énergie par la perte de sang lors des menstruations, il a été reconnu que lorsque son organisme a besoin d'un surplus d'énergie et de sang, les règles s'arrêtent spontanément, comme lorsqu'elle est enceinte, qu'elle allaite ou qu'elle a un grave problème de santé au niveau physique ou psychologique. Voilà à quel point notre corps est intelligent.

C'est ce qui se passe au moment de la ménopause : pour éviter que le corps ne vieillisse trop vite, que les organes vitaux (le foie, les reins, la rate, les poumons, le cœur, le pancréas, les glandes et le cerveau) soient atteints prématurément, le corps se met en pause ovulatoire définitive. **La ménopause se met donc en place pour augmenter notre longévité.**

Si tu fais partie des femmes qui croient que la ménopause est un signe de vieillesse, il est important de changer ta croyance. J'aime bien cette définition que j'ai lue et qui dit que **la ménopause est une pause au milieu de la vie.**

Pour bien vivre ce passage, il est très important d'y être préparée en n'ayant pas dépouillé ton organisme de son énergie. Ainsi, la période de la ménopause sera beaucoup mieux équilibrée et ne deviendra pas un cauchemar. Les conseils de ce livre qui touchent autant les aspects physiques que psychologiques t'aideront à énergiser ton corps afin qu'il traverse la ménopause plus facilement.

Avec le temps, j'ai constaté que la plus grande peur de ceux qui ont peur de vieillir c'est **celle de vivre.** En laissant nos peurs prendre le dessus, même si on n'en est pas conscient, nous changeons notre façon de vivre. Puis un jour, nous nous disons que nous sommes vieux et qu'il est temps d'arrêter.

J'ai souvent sauté en parachute avec mes petits-fils même quand j'avais 77 ans et je ne dis pas que ce fut la dernière fois. Ils pensent toujours que c'est un accomplissement incroyable, mais au fond ça dépend surtout de notre façon de penser. Quand je décide d'arrêter de faire quelque chose, ce n'est pas parce que j'ai peur de le faire. Par exemple, depuis deux ans je n'ai plus envie de me baigner dans la mer. Je préfère prendre de longues marches sur la plage et avoir les pieds dans l'eau. Ça m'énergise davantage. Quand j'ai décidé de ne plus me baigner dans la mer, je me suis demandé si c'était parce que j'avais peur. Pour trouver la réponse, j'ai regardé la mer et je me suis demandé si j'étais effrayée à l'idée d'aller y nager. J'ai tout de suite su que ce n'était pas le cas puisque je me voyais y aller sans hésitation s'il fallait que j'aide quelqu'un en détresse.

Il est certain qu'avec l'âge, il y a certaines activités que nous ne pouvons plus faire ou qui deviennent plus difficiles à faire. Le corps s'use, mais cette usure n'a pas besoin de commencer trop tôt. Dans le premier chapitre, j'ai parlé des différentes opinions en ce qui concerne le vieillissement. La mienne est que quel que soit l'âge où notre corps commence à diminuer, il est important de prendre l'habitude de s'en occuper le plus tôt possible.

Quand on est jeune, on croit que notre corps est immortel et qu'il aura toujours toutes ses capacités. Certes, il apprécie qu'on l'aide par tous les moyens possibles à conserver ses capacités physiques, émotionnelles et mentales, ce qui est faisable si on se donne de l'amour. J'en reparlerai dans un autre chapitre. As-tu déjà pensé que plus tu te donnes de l'amour, moins tu attends que les autres t'en donnent ? C'est un bon moyen pour t'épargner de vivre des émotions et de la frustration.

Pour terminer ce chapitre, je te suggère de porter attention à tes peurs. Chaque fois que tu en vis une, demande-toi si elle est réelle ou non, s'il y a un vrai danger. Parfois ça prend de nombreuses années pour devenir conscient qu'on a une peur quelconque depuis très longtemps, car lorsqu'on est jeune, on a plus d'énergie pour la nier et l'enfouir en nous. Mais avec le temps, on n'y arrive plus.

Tu dois te rappeler en plus que toute peur non consciente continue d'augmenter au fil des années, car elle te contrôle sans cesse à ton insu. Voilà une autre raison pour laquelle il devient trop difficile de la repousser et de l'ignorer. Tout le monde a des limites physiques, émotionnelles et mentales.

Il est fort probable que la majorité de tes peurs soient irréelles et que tu anticipes ou imagines quelque chose qui pourrait arriver. Si c'est le cas, tu seras alors conscient que tu écoutes ton ego et non ton cœur. C'est comme si tu écoutais toujours quelqu'un de ton entourage qui te fait peur sans arrêt et que tu laisses cette personne influencer ta façon de vivre.

N'oublie pas que tu es le seul maître de ta vie ! Par amour pour toi, tu dois dire à cette personne qu'à partir de maintenant tu n'as plus envie de te laisser influencer et que tu veux utiliser ton énergie pour faire arriver ce que tu veux plutôt que ce que tu ne veux pas. Tu peux lui dire que tu apprécies son intention de t'aider, mais que ça ne t'aide pas du tout.

C'est la même chose avec ton ego : il est convaincu qu'il t'aide en te faisant peur parce qu'il croit que tu ne pourras pas faire face aux conséquences si tu te diriges vers ce que tu veux. Toi seul peux lui faire savoir que tu es capable d'assumer toutes les conséquences qui pourraient arriver, même si tu ne les connais pas encore, que tu te fais assez confiance pour toujours trouver une solution. Quand ton ego sentira ta certitude et ta détermination, il acceptera de se mettre de côté et de te laisser écouter tes besoins.

L'étape suivante est d'imaginer quelle sorte de vie tu veux en tant que personne plus âgée (et non vieille). Prends le temps de bien visualiser et de ressentir le bonheur qui est associé à ce que tu vois.

Je veux souligner ici qu'il y a une différence entre la visualisation et la pensée positive. La visualisation est à la source de plusieurs phénomènes inexplicables scientifiquement. Un exemple me vient à l'esprit soit celui d'une dame qui avait un fibrome (une tumeur bénigne) de la grosseur d'un ballon dans l'utérus. Il y avait une attente de deux mois avant qu'elle puisse se faire opérer. Elle a donc décidé de le faire fondre par la visualisation. Plusieurs fois par jour, elle fermait ses yeux puis visualisait et ressentait ce ballon dans son ventre devenir liquide et s'écouler peu à peu par son vagin.

Elle s'est aperçue que ça fonctionnait puisqu'elle a dû porter des serviettes sanitaires quotidiennement. Tous les jours elle remerciait son corps et sa complicité avec celui-ci lui faisait vivre beaucoup de bonheur. Elle voyait le ballon diminuer petit à petit. Après un certain temps, elle a demandé à son médecin de refaire une radiographie. Elle était convaincue que le fibrome n'était plus là, mais voulait en avoir le cœur net. Eh bien ! Miracle ! Le fibrome avait disparu.

S'il revient plus tard, cette dame saura que ce fibrome a un message important pour elle que la visualisation n'a pas pu régler. Il est certain que prendre le temps de vérifier le message que nous recevons avec un malaise est beaucoup plus efficace.

La différence entre visualiser et avoir des pensées positives est la suivante. Si cette dame avait décidé de régler son problème par la pensée positive, elle aurait simplement affirmé que le fibrome disparaîtrait comme il est apparu. En visualisant par contre, elle a pu ressentir ce qu'elle projetait ce qui est plus puissant que la pensée positive.

La pensée positive c'est très bien, mais nous devons être attentif à ce que ça ne devienne pas une recherche de contrôle qui nous demande de l'énergie. Prenons l'exemple de quelqu'un qui affirme être toujours de bonne humeur parce que la vie est plus agréable ainsi. Sachant qu'il est impossible de ne jamais vivre de la colère, d'être déprimé, etc., on peut dire que cette personne se contrôle pour demeurer positive. L'idéal c'est d'associer la pensée positive avec la visualisation : c'est énergisant et ça nous apporte de la joie.

Tant et aussi longtemps que tu gardes en tête ce que tu veux et que tu agis en conséquence, tu crées ce que tu veux. **Tu utilises alors ton grand pouvoir divin de créer ta vie, un pouvoir qui appartient à chaque personne sur cette planète.** Nous sommes tous des DIEUX qui pouvons créer. La seule différence entre toi et moi et tous ceux que tu connais c'est la certitude qui nous habite, l'amour que nous avons pour nous-même et notre capacité de passer à l'action. C'est ce qui fait en sorte que nous créons ce que nous voulons ou ce que nous ne voulons pas.

Quand nous n'arrivons pas à créer ce que nous voulons, acceptons que nous ne puissions pas tout contrôler et que notre DIEU intérieur connaisse mieux nos besoins que nous-même et passons à autre chose.

Chapitre quatre

Les besoins du corps physique

Ce chapitre concerne les façons de gérer les besoins du corps physique. Ceux d'ordre psychologique seront couverts dans les deux prochains chapitres où je traiterai de la gestion de la vie personnelle et professionnelle.

C'est en écoutant tes besoins que tu pourras atteindre l'équilibre entre tes trois corps. La majorité d'entre nous n'a pas appris à les écouter puisque ce sont nos parents qui nous les dictaient quand nous étions enfants. Il est donc important de réaliser le plus tôt possible que personne d'autre que nous ne peut VÉRITABLEMENT savoir ce dont nous avons besoin.

On n'a qu'à penser à l'exemple d'un bébé qui pleure sans arrêt parce que les parents n'arrivent pas à savoir ce dont il a besoin à ce moment-là. Ils ont beau essayer toutes sortes de choses, rien n'y fait et l'enfant continue de pleurer. Ne pas comprendre ce dont il a besoin est normal et humain. Une bonne façon de gérer ce genre de situation est d'expliquer au bébé qu'on a tout essayé et qu'on n'arrive pas, pour le moment, à deviner ou à ressentir son besoin, que ce sera plus facile lorsqu'il parlera.

Au moment où les parents se donnent le droit d'avoir des limites, le bébé le ressent et cesse généralement de pleurer parce qu'il comprend instinctivement que ses parents font un geste d'amour envers lui et eux-mêmes. Tu penses peut-être que j'exagère en disant qu'un bébé peut sentir l'acceptation des autres. Je te rappelle ce que j'ai dit dans un chapitre précédent soit que l'amour est une notion spirituelle, donc impossible à comprendre mentalement.

Tous les hommes et même plusieurs animaux peuvent sentir ce qui se dégage de l'être d'une personne. Ça se passe au-delà des corps émotionnel et mental. De plus, chaque acte d'amour que l'on fait pour nous-même rétablit notre circulation d'énergie. Ainsi, dans l'exemple ci-dessus, les parents garderont leur énergie naturelle au lieu d'être fatigués à cause des émotions vécues.

Par contre, j'ai appris que ça prend sept ans avant qu'un enfant se détache véritablement de sa maman et qu'il est très fusionnel avec elle pendant cette période. Il est donc fréquent qu'un enfant qui pleure beaucoup ressente ce que sa maman vit. Dans le cas précédent, la maman devrait vérifier ce à quoi elle pensait au moment où son bébé a commencé à pleurer. J'ai entendu de nombreux témoignages de mamans qui ont fait cet exercice et qui se rendaient compte qu'elles étaient en colère ou qu'elles se créaient des peurs irréelles lorsque leur bébé pleurait pour aucune raison apparente. Après avoir pris conscience de ce qui se passait en elles, elles prenaient le temps de visualiser quelque chose d'agréable puis leur bébé arrêtait de pleurer. C'est un excellent outil qui permet aux mères de devenir conscientes des moments où elles n'écoutent pas leurs besoins et, par conséquent, qu'elles empêchent leur enfant d'écouter les siens. Nous sommes tous responsables de nous occuper de nos besoins physiques et psychologiques afin que nos trois corps soient équilibrés : ils sont indissociables et s'influencent naturellement. J'étais très heureuse le jour où j'ai constaté qu'écouter un besoin de mon corps physique améliorait mes corps émotionnel et mental et vice versa. Écoute tes besoins ! Tu verras à quel point ce sera bénéfique pour toi. Si tu attends que ton corps soit au bout du rouleau avant de t'en occuper, tu risques d'être découragé et de ne pas savoir par où commencer.

Si tu viens de réaliser en lisant les premiers chapitres que tu as le pouvoir de décider de vieillir lentement, il est très important de choisir DÈS MAINTENANT ce que tu veux pour toi, que ce soit dans un avenir prochain ou lointain. Même si tu ne sais pas vraiment comment et à quel rythme tu pourras y arriver, le simple fait de toujours garder en tête ce que tu veux, de le voir comme étant déjà réalisé, t'attireras automatiquement vers ce que tu planifies.

J'ai commencé à changer ma façon de vivre vers l'âge de 25 ans après avoir lu le livre *La puissance de votre subconscient* du Dr Joseph Murphy. Ce livre fut une révélation pour moi : il m'a fait comprendre que tout est possible. Par contre, les changements que j'ai effectués étaient plutôt au niveau du mental. J'utilisais la pensée positive pour m'aider dans mon travail en tant que gérante d'une équipe de vendeurs et je me servais du pouvoir du mental pour régler mes problèmes physiques.

À ce moment-là de ma vie, j'éprouvais toutes sortes de malaises : mal de dos, laryngites à répétition, amygdalites, vaginites, constipation, rhumatismes dans les jambes, problèmes de digestion, maux de tête fréquents et crises de foie. Je faisais appel à ma force mentale pour me libérer de mes maux et ça fonctionnait. Par contre, ils réapparaissaient régulièrement. Je ne m'inquiétais pas parce que je me disais que ces troubles physiques étaient fréquents et normaux chez l'humain, que ça devait être génétique puisque d'autres membres de ma famille les avaient. J'avais accepté que c'était ainsi.

Je ne savais pas alors que j'avais le pouvoir de changer ma génétique. Ce n'est qu'en 1981, à l'âge de 40 ans, que ma vie a basculé lorsque je suis passée de la pensée positive au monde spirituel afin de régler un problème de poids. J'en parle dans mon livre *Écoute et mange — Stop au contrôle* qui a pour but d'aider les gens à se connaître grâce à ce qu'ils boivent et mangent chaque jour et à s'alimenter sans se sentir coupable.

J'ai commencé à me dire que je ne voulais plus croire que j'étais à la merci de ma génétique de naissance. J'étais convaincue que je pouvais la modifier en changeant ma façon de penser et en me libérant de croyances familiales, religieuses et sociales qui ne me convenaient plus.

Quelle ne fut pas ma surprise quand j'ai constaté à travers mes recherches à cette époque-là que les scientifiques affirmaient depuis 20 ans déjà que ceci était possible. Voici un extrait d'un article sur le Dr Bruce Lipton.

Le Dr Bruce Lipton, biologiste des cellules souches et auteur de livres à succès, affirme qu'il est important de distinguer entre déterminisme génétique et épigénétique.

« La différence entre ces deux concepts est non négligeable, car cette croyance fondamentale que l'on nomme déterminisme génétique signifie littéralement que notre vie, définie en fonction de nos traits physiques, physiologiques, comportementaux et émotionnels, est contrôlée par le plan génétique. »

C'est ce qu'a déclaré le Dr Lipton lors d'un entretien accordé au magazine en ligne Superconscience.

« Ce genre de système de croyances fait littéralement des victimes de chacun d'entre nous. En effet, si les gènes contrôlent nos fonctions vitales, nos vies sont donc contrôlées par des choses échappant totalement à notre capacité de les changer. Cette perspective de victimisation nous pousse à conclure que les maladies héréditaires se propagent par la transmission des gènes associés à ces attributs. Les données de laboratoire prouvent que tel n'est pas le cas. »

Alors, quelle sera ta décision ? À quel point t'aimes-tu ? Veux-tu continuer à demeurer inconscient et victime de ta génétique ou décider d'améliorer ta qualité de vie pour le reste de tes jours ? Si tu veux changer ta façon de penser, voici par où il faut commencer au niveau de ton corps physique. Ceci modifiera en même temps tes corps émotionnel et mental.

Les besoins vitaux du corps physique par ordre d'importance sont : **bien respirer, boire de l'eau, bien s'alimenter, bien éliminer, faire de l'exercice et se reposer.** Si tu ignores un de ces besoins, ton corps ne pourra pas conserver sa pleine capacité. Par exemple, sans air, le corps meurt après quelques minutes et sans eau, après quelques jours, etc.

Dans mon livre *Écoute ton corps, ton plus grand ami sur la Terre*, je parle en détail des besoins vitaux des trois corps. Ce qui suit est un ajout aux informations contenues dans ce livre. Mon intention est d'attirer ton attention sur certains points qui sont très importants afin de laisser savoir à ton corps physique que tu apprécies tout ce qu'il fait pour toi. Je considère que le fait d'avoir mis en pratique ce qui suit m'a grandement aidée à conserver mon énergie de jeunesse.

Les effets nocifs de l'acide

Qu'est-ce qui fait vieillir le plus le corps physique et qui lui enlève son énergie naturelle ? C'est l'acide. Quand j'étais enfant, les jardins étaient bios et ne contenaient pas d'engrais chimiques. On n'utilisait que des engrais naturels. Ce que les hommes et les animaux mangeaient était donc naturel. Aujourd'hui, ce n'est plus le cas.

Nous ne pouvons pas avoir le contrôle sur ce qui se passe au niveau planétaire, mais nous pouvons maîtriser notre corps en choisissant ce que nous lui donnons. Au fur et à mesure que le nombre de personnes qui ne voudront consommer que des aliments naturels augmentera, il y aura un changement au niveau mondial.

J'ai commencé à m'intéresser à l'alimentation il y a plus de cinquante ans. Quand j'ai su que notre corps n'a pas besoin de viande pour être en santé, j'ai arrêté d'en manger. Je n'avais jamais aimé la viande de toute façon. J'en consommais parce que ma mère aimait ça et qu'elle croyait que c'était bon pour la santé. Je ne lui en ai jamais voulu parce que je savais que son intention était bonne. En plus, elle ne connaissait pas autre chose. Par contre, je sais aussi qu'il y a de nombreuses personnes qui n'ont pas besoin de protéines de source animale, mais il y en a d'autres qui en ont besoin.

Depuis une trentaine d'années, j'ai constaté qu'il y a de plus en plus d'enfants qui ne veulent pas manger de la viande ou consommer des produits laitiers. Serait-ce à cause de la nourriture qui est donnée aux animaux et de la façon qu'ils sont traités ? Les enfants d'aujourd'hui ont une très grande sensibilité et ont beaucoup plus de facilité à déterminer ce qui est bon ou non pour eux qu'à l'époque de mon enfance. Heureusement qu'aujourd'hui il y a une grande variété de laits qui sont de source végétale sur le marché.

Lorsque mes enfants étaient adolescents, j'essayais de les convaincre de boire plus d'eau, mais ils ne voulaient pas. Ils disaient qu'ils n'aimaient pas ça et me demandaient toujours du jus. Je savais intuitivement que ce n'était pas bon pour eux d'ingérer autant de sucre. Je devais donc limiter la quantité de jus que j'achetais chaque semaine. Un jour, les distributeurs d'eau ont fait leur apparition sur le marché. Dès que j'en ai eu un dans ma cuisine, ils se sont mis à boire beaucoup plus d'eau. Leur première réaction fut : « Enfin de l'eau qui est bonne ! » Ceci m'a fait comprendre qu'ils étaient beaucoup plus sensibles que moi pour déceler ce qui était bon ou non pour eux et que c'était la seule raison pour laquelle ils ne voulaient pas boire de l'eau quand je n'avais pas de distributeur. Nous apprenons beaucoup grâce à nos enfants !

Avec mes petits-fils et mes arrières petites-filles, c'est différent : je n'ai jamais pu leur faire ingérer quoi que ce soit qu'ils ne voulaient pas, et ce, depuis qu'ils sont très jeunes. Se pourrait-il que ce soit à cause de l'ère du Verseau qui est caractérisée par le développement de l'être, du monde spirituel et de l'intelligence et que les enfants soient donc de plus en plus sensibles et à l'écoute de leurs besoins ?

Si tu fais partie de ceux qui ont besoin de protéines animales, tu as la chance d'avoir beaucoup de choix au niveau de la qualité de la viande que tu peux acheter. Si tu ne veux pas faire d'effort à ce sujet, demande-toi si c'est ton ego qui parle. C'est une bonne occasion de devenir conscient de tes choix et de donner de l'amour à ton corps physique.

En ce qui concerne les produits biologiques, fais-tu partie des personnes qui sont sceptiques à ce sujet ? Si c'est le cas, je te suggère de faire une expérience. Achète de la viande ainsi que des fruits et des légumes en versions bio et non bio. Ensuite, goûte-les tour à tour en prenant le temps de bien les mastiquer et en portant attention à leur arrière-goût. Si tes papilles gustatives ne sont pas trop abîmées par l'acide, tu devrais tout de suite sentir la différence. Un aliment vivant est définitivement meilleur qu'un aliment mort.

La plupart des gens savent que la viande et le sucre sont les aliments qui apportent le plus d'acide dans le corps et ce, davantage quand la viande n'est pas bio et que le sucre n'est pas naturel. Hélas ! le taux d'acide est rarement indiqué sur ce que nous achetons. En plus de l'acidité que nous ingérons, il y a celle que nous respirons à cause des pluies acides et de la pollution. Il est bon aussi de savoir que certains fruits sont alcalins comme l'orange, le pamplemousse et le citron lorsqu'ils sont mangés sans d'autres aliments. Ce n'est donc pas parce qu'un aliment a un goût acide qu'il augmente le taux d'acide dans notre corps.

Il y a de nombreuses années, j'ai lu un livre très intéressant au sujet de l'acide qui m'a aidée à être encore plus attentive à ce sujet. Comme j'ai toujours bu beaucoup d'eau depuis que je suis jeune, j'étais bien contente d'y découvrir à quel point cette habitude est importante.

Ce livre s'intitule *Le secret de la longévité.* Il a été écrit par le Dr Sang Whang, un Américain, ingénieur, scientifique et inventeur d'origine coréenne. Selon lui, l'acide est le facteur derrière toutes les maladies physiques et psychologiques.

D'ailleurs, les Japonais – dont la vision m'a beaucoup fait réfléchir – classent les maladies en deux catégories soit les maladies contagieuses et les maladies d'adultes. Les maladies contagieuses sont causées par les virus, les microbes et les bactéries. La science est très avancée à ce sujet. Quant aux maladies d'adultes non contagieuses, elles sont causées par l'accumulation au fil des ans de différents acides dans le corps qui affectent le sang et l'activité cellulaire. Aussi, beaucoup de médicaments contiennent de l'acide. Voilà pourquoi la science a beaucoup plus de résultats contre les virus et les bactéries et moins de résultats pour les maladies d'adultes.

Dans ce même livre, Dr Whang explique d'une façon claire et précise plusieurs faits. En voici quelques-uns.

- Le métabolisme des nutriments nous permet de stocker de l'énergie dans notre corps, mais il crée également des déchets dont il doit se libérer. S'il n'arrive pas à s'en départir, notre corps vieillit.
- Si on a une alimentation trop acide, l'organisme puise dans ses réserves de calcium afin d'absorber l'acidité sanguine. Si on continue d'ingérer des produits acides, le corps n'arrive pas à reconstituer ses réserves de calcium ce qui fait en sorte qu'on perd de plus en plus de masse osseuse en vieillissant et qu'on finit pas souffrir d'ostéoporose. En ce qui me concerne, j'ai tellement porté attention à l'acide que je mettais dans mon corps que ma masse osseuse a augmenté avec les années.
- Plus il y a de l'acidité dans notre corps, moins il a de l'oxygène qui est essentiel à la vie. Le sucre est le produit alimentaire qui enlève le plus d'oxygène à notre système.
- Lorsque nous sommes au repos, nous nous débarrassons de nos déchets plus vite que nous les générons. Lorsque nous sommes stressés, notre corps crée plus d'acide parce que nous digérons la nourriture plus rapidement ce qui fait en sorte que

notre corps génère plus de déchets qu'il ne peut en éliminer. Le stress physique, émotionnel et mental fait donc vieillir plus vite.

- Nos cellules se détériorent, donc vieillissent, quand les déchets s'accumulent dans notre système. Elles meurent surtout par manque d'oxygène.
- Les déchets du corps ne peuvent être éliminés que par l'eau, donc par l'urine et la transpiration et non par les selles. Ces dernières n'éliminent que le surplus de nourriture que notre corps n'a pas utilisé.

Tout ceci confirme à quel point il est essentiel de boire beaucoup d'eau. Boire une eau la plus pure possible est également primordial. Si vous purifiez votre eau par un moyen quelconque, assurez-vous qu'il n'enlève rien à votre eau.

L'importance de boire de l'eau

Nous savons que le pH sanguin doit être maintenu entre 7.3 et 7.45. Voilà pourquoi nous devons boire de l'eau équilibrée, bonne pour le corps, donc avec un pH de 7. Une eau qui a un pH de 4 est acide alors que celle qui a un pH de 10 est alcaline. L'eau, dont la formule est H_2O, est constituée de deux parties d'hydrogène et d'une partie d'oxygène. Sans ces deux éléments, il n'y aurait pas de vie sur la Terre. Une eau alcaline par contre a deux fois plus d'oxygène que d'hydrogène. Si on en boit, on élimine plus rapidement l'acide qu'on a accumulé au fil des ans. Un fait intéressant soulevé par le Dr Whang est qu'un Coca-cola a un pH de 2.5 (donc TRÈS acide) et que ça prend 32 verres d'eau alcaline pour neutraliser l'acide contenu dans cette boisson. Il est donc alarmant qu'autant de personnes sur la planète boivent différents colas au lieu de boire de l'eau.

D'autres personnes remplacent l'eau par le café. Savais-tu que la caféine est une grande cause de l'hypertension ? Certes il nous fait sentir plus énergisé, mais il fait aussi monter la pression artérielle. En y ajoutant du lait, de la crème ou du sucre, il devient acide. Voilà une autre bonne raison de boire de l'eau.

Après avoir lu le livre du Dr Whang, je me suis procuré un ioniseur d'eau qui divise l'eau acide de l'eau alcaline. On peut facilement se procurer cet appareil électroménager sur Internet. Toute ma famille ne boit que de l'eau alcaline maintenant. Ça fait plus de 12 ans que j'en bois et je sais que c'est un facteur qui contribue grandement à me maintenir en santé et qui m'aide à conserver mon énergie.

J'ai mentionné plus tôt qu'on ne peut éliminer l'acide que par l'urine et la transpiration. Ceux qui transpirent beaucoup sans faire d'effort physique reçoivent un signal d'alarme important de la part de leur corps, c'est-à-dire qu'il déborde de déchets. Cela signifie qu'il y a une grande urgence à boire plus d'eau et à consommer moins d'aliments acides, donc de produits d'origine animale et de sucre. N'oublie pas que lorsqu'on parle de sucre, cela comprend aussi les glucides, donc le pain et les pâtes.

La transpiration naturelle, qui se produit lorsqu'on fait de l'exercice physique ou qu'il fait très chaud, aide le corps à maintenir sa température. Boire beaucoup d'eau est important dans ce cas-là aussi puisque ça permet de remplacer l'eau qu'on a évacuée. Aussi, quand on perd du poids en suivant une diète ou par un autre moyen, il est impératif de boire plus d'eau afin d'éliminer le surplus de déchets.

On sait tous que nous devrions boire au moins deux litres d'eau par jour. Pourtant, je rencontre sans cesse des gens qui me disent qu'ils ne le font pas parce qu'ils ne ressentent pas la soif ou qu'ils n'y pensent tout simplement pas. Par contre ils boivent un tas d'autres boissons. Voilà un bel exemple d'inconscience. En effet, il n'y a aucun organisme vivant sur cette Terre qui n'a pas besoin d'eau.

De plus, il est important de ne pas confondre l'eau avec le liquide. L'eau pure est une composition chimique nécessaire à la vie. Ce n'est donc pas l'équivalent d'un café, d'un cola, d'un jus, d'un bouillon, etc. C'est de l'eau pure dont le corps a besoin.

Habituellement, une personne qui ne ressent pas la soif n'écoute pas les besoins de son corps à ce sujet, et ce, depuis très longtemps. À force de se faire ignorer, le corps arrête tout simplement d'en demander. Ça me fait penser à une femme qui répétait sans arrêt à son mari que c'était nocif pour lui de manger autant de sel. Elle a cessé de le lui répéter au bout de deux ans lorsqu'elle a réalisé qu'il n'avait aucune intention de l'écouter. Il est finalement décédé d'un cancer quelque temps plus tard. Elle disait alors à tout le monde que son mari aurait dû l'écouter. Ce dont elle était inconsciente par contre c'est qu'elle faisait la même chose que son mari : les gens autour d'elle lui répétaient sans cesse qu'elle devait boire plus d'eau, mais elle faisait la sourde oreille et disait toujours qu'elle n'avait pas soif.

Après l'air, l'eau est le deuxième élément dont notre corps a le plus besoin. Comment peut-on s'attendre à ce qu'il soit en santé si on ne lui en donne pas ? Je suis convaincue que s'il existait une pilule miracle disponible au coût de 1,000 $ qui garantirait la santé, une belle peau et de l'énergie à profusion, la plupart des gens l'achèteraient et paieraient même beaucoup plus. Les gens aiment les solutions rapides à leurs problèmes et qui ne demandent pas trop d'effort de leur part. C'est dommage parce que boire deux à trois litres d'eau par jour a tellement d'effets bénéfiques sur le corps. De plus, elle ne coûte rien et est généralement accessible partout.

J'ai remarqué que ma peau a plus de tonus que la moyenne des gens de mon âge. J'attribue ceci au fait que j'ai toujours bu beaucoup d'eau. Savais-tu que dès l'âge de 25 ans nos réserves de collagène diminuent d'environ 1 % par année ? Moins on a de collagène dans notre corps, plus on a des rides, notre peau manque de tonus et nos plaies guérissent plus lentement.

Il y a plusieurs années, j'ai rencontré une naturopathe qui recommandait à toutes les personnes de plus de 50 ans d'ajouter une goutte d'oxygène liquide par litre d'eau consommé puisqu'en vieillissant le corps en manque souvent et il représente la vie. Je le fais depuis ce temps et chaque fois que je fais mon bilan de santé annuel, mon médecin est toujours surpris que mon sang soit si bien oxygéné à mon âge ce qui me prouve que ça fait une différence. L'oxygène liquide se trouve dans les magasins de produits naturels. On peut aussi ajouter quelque chose de vivant à notre eau comme une tranche de citron ou de concombre afin de la restructurer et la rendre encore plus efficace. Si tu n'aimes pas cette idée, un glaçon fait aussi l'affaire pour la restructurer.

Un autre fait important à connaître est que boire de l'eau minérale n'équivaut pas à boire de l'eau pure. Les minéraux dont notre corps a besoin sont ceux qui proviennent des plantes et des légumes. Quant aux minéraux inorganiques contenus dans l'eau minérale, ils deviennent des déchets s'ils ne sont pas convenablement éliminés par notre corps. De plus, ils font travailler nos reins inutilement. Au Canada, une eau est considérée comme minérale quand elle contient

500 ppm (parties par million) de minéraux sinon c'est une eau de source. Cette information est indiquée sur les bouteilles d'eau minérale. Cette norme diffère d'un pays à l'autre.

La fréquence à laquelle on boit de l'eau est également un facteur important qu'il ne faut pas négliger. Il est préférable de prendre de l'eau un peu à la fois pendant toute la journée. En boire trop d'un seul coup fera en sorte que ton corps n'aura pas le temps de l'assimiler correctement et qu'elle sera rapidement évacuée. C'est le même phénomène qui se produit si tu arroses une plante abondamment : l'eau passera tout droit parce qu'elle n'aura pas le temps de l'absorber. Il est aussi suggéré de ne pas prendre d'eau durant le repas, mais fortement recommandé d'en boire un grand verre juste avant le repas. C'est donc un bon moyen de moins manger par simple appétit.

Si tu veux aider ton corps et le garder en forme pendant de nombreuses années, pourquoi ne pas toujours avoir un verre ou une bouteille d'eau à tes côtés ? Cela t'aidera à te rappeler d'en boire jusqu'à ce que ça devienne une habitude. Je te rappelle que ça prend en moyenne trois mois pour prendre une nouvelle habitude et que c'est généralement plus difficile lorsque celle-ci est bénéfique pour nous. As-tu déjà remarqué qu'il semble beaucoup plus facile d'en prendre une qui ne l'est pas ? Il faut donc être discipliné pour y arriver, ce qui nous amène à nous aimer davantage. Il y a beaucoup de suggestions dans ce livre pour te permettre de devenir conscient et de déterminer si tu veux VRAIMENT prendre de l'âge en gardant une bonne forme physique et que tu t'aimes assez pour le faire. Toi seul peux faire ce choix.

Voici donc une autre recommandation si tu aimes prendre un verre de vin en mangeant : prends l'habitude d'avoir un verre d'eau à côté de ton verre de vin. Chaque fois que tu prends une gorgée de vin, prends-en une d'eau. Ainsi, tu boiras ton vin plus lentement et en même temps tu ne négligeras pas le besoin d'eau de ton corps. C'est d'ailleurs une excellente idée de faire ceci, peu importe ce que tu bois.

Digestion et élimination

Dans les besoins vitaux du corps, la digestion et l'élimination sont essentielles et ces besoins sont très affectés par le plan psychologique.

Afin de bien digérer et éliminer, il est fortement suggéré de manger les protéines et les glucides séparément lors d'un repas parce que les protéines doivent se trouver dans un environnement acide pour être digérées alors que les glucides ont besoin d'un milieu alcalin. Ainsi, si tu manges de la viande ou du poisson avec des pommes de terre ou du riz, ton corps produira un milieu à la fois acide et alcalin dans ton estomac ce qui fera en sorte que ces aliments seront neutralisés.

De plus, ceci ralentit et complique énormément la digestion et l'élimination raison pour laquelle tu te sentiras plus lourd et fatigué après ton repas. Le meilleur moyen de comprendre ceci est de l'expérimenter. Dans l'exemple ci-dessus, tu pourrais remplacer les pommes de terre et le riz par des légumes ou une salade. Je suis certaine que tu sentiras la différence physiquement. Souviens-toi que les légumes verts se digèrent beaucoup plus facilement et que le pain est un glucide.

Je te suggère aussi de ne pas manger de dessert à la fin d'un repas pour réduire l'acide dans ton corps. Je fais ça depuis de nombreuses années et je trouve que c'est une habitude qui est devenue très facile à mettre en pratique. Ne pas consommer de sucre aide notre corps à digérer et à éliminer plus facilement. C'est donc une marque d'amour envers lui. Le sucre est acide et aussitôt qu'il est mélangé à autre chose dans l'estomac, tout le bol alimentaire devient acide. En plus des bienfaits indiqués ci-dessus, j'ai constaté, lorsque j'ai arrêté de manger du sucre, que j'avais davantage d'énergie.

Si tu veux vraiment en manger, essaie au moins d'attendre que ton bol alimentaire soit évacué de ton estomac, donc environ deux heures après le repas. Le fait de procéder ainsi fera en sorte que tu digéreras et élimineras mieux et que tu éviteras d'accumuler de l'acide et des déchets. Bien souvent, quand les gens prennent cette habitude, ils finissent par oublier leur envie de sucre ce qui signifie que leur corps n'en avait pas réellement besoin et que c'était plutôt un désir pour combler un besoin affectif.

En ce qui concerne les fruits, il est important de savoir qu'ils sont tous alcalins lorsqu'ils sont mangés seuls. Même ceux qui ont un goût acide comme le citron. Par contre, quand ils sont ingérés avec autre chose, ils deviennent acides. Il est recommandé de les manger avant le repas, car ça ne prend qu'une demi-heure pour les digérer.

Se nourrir à des intervalles réguliers est un autre aspect important de l'alimentation. Normalement, le corps digère un repas au bout de quatre à six heures, sauf s'il était très copieux ou contenait un trop grand mélange de protéines et de glucides. Après cette période, il voudra éliminer pour être prêt à recevoir le prochain repas.

Si tu manges souvent à des heures irrégulières, par exemple plus de 7 ou 8 heures après ton dernier repas, ton corps ne sait pas à quoi s'attendre alors il se met à accumuler par peur de manquer de nourriture. Il se dérègle et commence à mal éliminer.

Si tu as des horaires très variés et que manger à des heures régulières est difficile pour toi, prépare-toi des collations – comme un petit sac d'amandes par exemple – pour faire patienter ton corps jusqu'au prochain repas. Si tu ne manges pas régulièrement parce que tu te dis que tu n'as pas faim c'est la même chose que quelqu'un qui dit qu'il n'a pas soif. Cela signifie que tu n'es pas en contact avec tes besoins physiques ni ceux d'ordre psychologique. Il y a donc de fortes chances que tu fasses du déni ce qui cause beaucoup de maladies.

J'ai mentionné plus tôt que nous ne pouvons pas dissocier les trois corps. En décidant d'aider ton corps physique à digérer et à éliminer, tu constateras qu'il te devient de plus en plus facile de mieux digérer les gens et les situations qui te dérangent et les éliminer. Même si certaines bonnes habitudes sont plus difficiles à mettre en pratique que d'autres, le simple fait de faire des efforts quotidiennement contribue à te diriger vers ce que tu veux. En écoutant tes besoins, tu perds moins d'énergie, ce qui ralentit le processus de vieillissement.

Quand tu aides ton corps chaque fois que tu le peux, il est très conciliant lorsque tu ne peux pas. Ça m'est arrivé souvent d'être dans cette situation quand je suis dans un pays où les aliments sont très différents de ce que mon corps aime et que je ne peux pas vraiment lui donner ce dont il a besoin. Dans ces cas-là, je prends le temps de lui expliquer que je ne sais pas trop ce que la nourriture contient, que je suis consciente qu'il doit faire un effort supplémentaire pour digérer, mais je lui demande tout de même d'éliminer tout ce dont il n'a pas besoin. Je lui promets aussi que je m'occuperai de ses besoins à mon retour à la maison.

Je sais que le fait de parler à mon corps fonctionne. Ça fait 25 ans que je voyage et que je prends entre 25 et 35 avions par année et, malgré tous les décalages horaires, j'ai toujours l'énergie nécessaire pour accomplir plein de tâches et faire un tas d'activités dès mon arrivée. Je suis donc convaincue que la relation que j'ai avec mon corps est un facteur important qui a grandement contribué à ma capacité de voyager seule et à m'adapter facilement aux décalages horaires.

Si tu as de la difficulté à écouter les besoins de ton corps physique, sache qu'il est le reflet de ce qui se passe dans ton esprit et que ceci signifie que lorsque tu vis de la peur et de la culpabilité, c'est signe que tu écoutes ton ego au lieu de ton cœur qui connaît tes besoins.

Toutes les peurs que nous vivons sont une cause directe de la mauvaise digestion. D'ailleurs, tu as certainement pu ressentir à quel point ton système est bloqué lorsque tu as la peur au ventre, ce qui inclut ta digestion et, par conséquent, l'élimination de ce que tu as ingéré. As-tu déjà remarqué que lors d'un repas, s'il est question de quelque chose qui te fait vivre de la peur, tu as de la difficulté à digérer ensuite ?

Quand ceci arrive, la plupart des gens pensent que c'est à cause d'un aliment qu'ils ont mangé. C'est ce que je croyais aussi auparavant. Un jour, j'ai appris que ce ne sont pas les aliments que nous ne digérons pas, mais bien une autre personne ou soi-même. Depuis ce temps, quand je constate que ma digestion est lente ou difficile, je me pose la question suivante : « Qui ai-je de la difficulté à digérer ? ». Fais la même chose la prochaine fois que ça t'arrive. Tu verras qu'en te posant la question dès que cette situation se présente, il te sera très facile de le découvrir. Ensuite, donne-toi le droit de ne pas pouvoir digérer cette personne pour le moment et dis-toi que tu vas y arriver un jour. Prends conscience également qu'une de tes blessures a été activée et qu'elle est la cause de ta réaction vis-à-vis de cette personne. Accepte de te donner du temps pour diminuer tes blessures. J'ai appliqué ces notions très souvent dans ma vie et, chaque fois, mon corps a recommencé à bien fonctionner et ma digestion a repris son cours normal.

Un autre facteur qui affecte la digestion et l'élimination est la culpabilité. Ceci est dû au fait que lorsque tu te sens coupable ou que tu agis d'une certaine façon pour NE PAS te sentir coupable, tu vis de la peur qui crée un blocage d'énergie, donc un blocage au niveau de l'élimination.

En parlant d'élimination, je tiens à préciser que bien des gens ne se croient pas constipés parce qu'ils éliminent tous les jours. Hélas, très peu de personnes éliminent tous leurs déchets. L'élimination est au même degré que notre capacité de lâcher prise dans la vie. Je te rappelle que chaque fois que ton ego prend le contrôle sur toi, cela t'empêche de lâcher prise.

C'est aussi la culpabilité qui fait grossir les gens et non ce qu'ils ingèrent. Si tu as un problème de poids et que tu dis souvent des choses comme « J'ai encore triché ! », « J'aurais dû arrêter de manger plus tôt; je me sens gonflé. » ou « J'ai exagéré ! », c'est signe que tu te sens coupable et que tu as peur de ce qui va t'arriver si tu grossis de plus en plus.

Tu finis par te contrôler afin de ne jamais manger d'aliments qui te font grossir et tu te sens coupable quand tu oses en manger. Malgré ce contrôle, tu continues de prendre du poids parce que penser de cette façon confirme que tu n'es pas centré ce qui fait en sorte que tu ne sais pas quand tu n'as plus faim. C'est donc pour cette raison que tu manges et bois plus que ce dont ton corps a besoin ou tu lui donnes des aliments dont il n'a pas besoin.

Il se peut que tu arrives à contrôler ton poids en te privant beaucoup, mais à quel prix ? Il est important de savoir que personne ne peut se contrôler indéfiniment : un jour ou l'autre, la plupart des gens perdent le contrôle. Puis, ils se sentent coupables à nouveau, se promettent de ne pas recommencer, ou ils font du déni en se trouvant une bonne raison (ego) pour avoir perdu le contrôle. Ce déni les empêche même de se souvenir qu'ils avaient décidé de se contrôler.

En ce qui me concerne, j'aime bien manger santé chaque fois que c'est possible, mais il m'arrive de manger ou boire plus que d'habitude lors d'une fête par exemple. Quand ça arrive, je dialogue avec mon corps comme je l'ai mentionné plus tôt. Ainsi, mon poids et mon énergie demeurent stables.

Si tu as une mauvaise alimentation et que tu ajoutes à ça toutes tes peurs et tes culpabilités, tu affectes ton corps en lui enlevant de l'énergie. À la longue, les problèmes de santé se manifestent parce que tu n'élimines pas les toxines accumulées dans ton système. Elles circulent, sont emmagasinées dans un endroit précis de ton corps et finissent par devenir une maladie.

Souviens-toi qu'à chaque fois que tu vis un malaise physique, émotionnel ou mental, c'est qu'il y a un blocage d'énergie en toi.

La médecine dit que les toxines sont stockées dans les parties faibles du corps. J'ai plutôt observé qu'elles s'accumulent à l'endroit qui a un lien avec les peurs ou les culpabilités que nous vivons. Par exemple, quelqu'un qui a des peurs ou des culpabilités reliées à son avenir aura des toxines dans ses jambes. Pour déterminer la cause psychologique du problème de santé, il suffit de se demander à quoi sert la partie du corps qui est affectée. Dans le cas précédent, les jambes nous permettent d'aller de l'avant.

Je suggère souvent aux gens de recourir à des soins physiques lorsque c'est possible pour les aider à éliminer les toxines et l'acide accumulés dans leur corps. Si nous vivions en haute montagne, à la campagne et que nous ne mangions que des aliments naturels, il est certain que nous n'aurions pas beaucoup besoin d'aide extérieure. Aujourd'hui, dans le milieu pollué où nous vivons, il devient de plus en plus difficile à notre corps physique de tout gérer seul.

Voici l'aide professionnelle que je reçois depuis de nombreuses années : nettoyage du côlon, drainage lymphatique, soins esthétiques, massages thérapeutiques, saunas, ostéopathie et nettoyage du cuir chevelu.

Je conseille aussi de détoxifier notre foie une fois par année. Il est le premier filtre par où passe tout ce que nous absorbons de liquide et de solide. Il élimine tout ce qui n'est pas naturel et qui ne répond pas aux besoins du moment de notre corps. Savais-tu que c'est l'organe le plus actif de notre corps après le cerveau ? Il est tellement important et indispensable qu'il est le seul à se régénérer par lui-même.

En effet, si on enlève une partie du foie de quelqu'un, il aura repris sa taille initiale quelques mois plus tard. En métaphysique, on considère le foie comme l'endroit où nos colères refoulées sont stockées ce qui lui enlève l'énergie dont il a besoin pour faire son travail d'épuration des toxines.

La naturopathie offre aussi plusieurs méthodes pour nettoyer et renforcer le foie. Je consulte une naturopathe depuis plusieurs années même si je suis attentive à ce que je mange et bois. Comme je voyage beaucoup, je mange souvent au restaurant. Je sens donc le besoin de me nettoyer. Notre corps, c'est notre maison. Si on la nettoyait seulement partiellement chaque semaine, peux-tu imaginer ce dont elle aurait l'air et ce qu'elle sentirait après 50 ans ?

Je recommande aussi de faire des mini-jeûnes d'une journée par semaine par exemple et un plus long lors des saisons de détox, soit à l'automne ou au printemps. Je suis toujours revigorée après avoir fait un jeûne. Il est important d'être bien accompagné lors d'un jeûne d'une semaine ou plus, c'est-à-dire d'avoir l'avis de votre médecin par exemple.

Il y a tellement de choses que l'on peut faire au quotidien pour aider notre corps à ne pas gaspiller de l'énergie inutilement ou à la retrouver lorsque nécessaire. Il n'y a donc pas de truc précis pour demeurer jeune plus longtemps. Ce sont les gestes d'amour envers nous-même qui ont le plus d'effets bénéfiques.

Dans les chapitres suivants, je parlerai davantage de l'aspect psychologique de notre vie qui a un impact important sur notre façon de prendre de l'âge.

Nettoyer le corps d'énergie

Il y a très longtemps, j'ai suivi une formation sur la guérison d'une durée de sept jours en Californie au cours duquel j'ai entendu parler du corps d'énergie et des sept chakras pour la première fois. J'y ai appris que lorsque nous nous douchons, nageons ou sommes à proximité d'une chute d'eau, cela contribue à nettoyer notre corps d'énergie. C'est une façon de reprendre contact avec notre énergie naturelle.

Depuis ce temps, je prends une douche matin et soir et je la termine toujours avec l'eau la plus froide que je suis capable de tolérer pendant au moins trente secondes. WOW ! Quel coup de fouet cela me procure ! J'ai toujours l'impression que l'eau froide stimule mon énergie rapidement.

La douche du soir est nécessaire puisque notre corps capte l'énergie des personnes qui sont autour de nous ainsi que celle des endroits où nous nous trouvons au cours de la journée. Il est essentiel de faire de même le matin puisque nos corps émotionnel et mental demeurent très actifs la nuit même si notre corps physique dort. En effet, tous nos rêves, que nous nous en souvenions ou non, représentent l'activité de ces deux corps qui sont une continuité de ce qui s'est passé la journée précédente. Les rêves nous permettent d'éliminer un peu et ils nous aident à nous libérer des tensions que nous avons accumulées pendant la journée. De plus, durant les périodes de repos et de sommeil, le corps élimine davantage. Nous avons donc autant besoin de purifier notre corps d'énergie au réveil et peut-être davantage certains jours.

À titre d'exemple, supposons que tu fais un rêve dans lequel tu as très peur ou es angoissé. Cela signifie qu'une situation quelconque t'a fait peur ou t'a angoissé le jour précédent, mais que tu en es inconscient. Alors que le corps physique utilise la maladie pour que tu deviennes conscient de ce que tu ne veux pas voir, les corps mental et émotionnel utilisent le rêve pour t'aider à devenir conscient de ce que tu as vécu la veille, mais que tu as occulté.

Lorsque je fais un rêve dans lequel je suis angoissée, je remercie toujours mon corps à mon réveil même si ce rêve n'était pas agréable. Puis, je prends le temps de l'analyser avant de me lever, en prenant bien soin de ne pas trop bouger pour ne pas perdre une partie du rêve. Pour ce faire, je me demande ce qui m'a causé autant d'angoisse la veille et je trouve toujours une réponse. Je suis souvent étonnée, car je n'ai pas l'impression d'avoir été angoissée. J'ai habituellement un ou deux de ce type de rêve quand j'écris un nouveau livre et ça me fait prendre conscience que je suis plus angoissée que je ne veux l'admettre, que ce soit à propos du contenu, de l'échéancier, des imprévus qui grugent mon temps d'écriture, etc.

Après avoir remercié mon rêve, je me donne le droit d'être angoissée pour le moment. Je me suis aussi rendu compte avec le temps que lorsque je fais ce genre de rêve, ma douche matinale est très appréciée et elle dure beaucoup plus longtemps.

As-tu remarqué que parfois tu as envie de demeurer longtemps sous la douche alors qu'à d'autres occasions deux minutes suffisent ? Ceci s'explique par le fait qu'il y a des jours où tu as été en contact avec davantage d'émotions et de peurs, que ce soit les tiennes ou celles des autres ou tu as fait un travail physique très demandant. Ton corps d'énergie est donc plus lourd et il a besoin de plus de temps pour se libérer de tout ce qu'il a accumulé. Si tu es une personne fusionnelle, c'est-à-dire que tu te crois responsable du bonheur et du malheur des autres, sache que tu captes beaucoup plus l'énergie de ton environnement qu'une personne qui ne l'est pas. Je te suggère donc fortement de faire l'expérience de prendre deux douches par jour et ce, pendant plusieurs jours, en portant attention à ce qui se passe au niveau de ton énergie. Je suis convaincue que tu verras une différence. Si tu te dis que tu n'as pas le temps de faire ça, je te suggère de te demander si tu t'aimes assez pour prendre deux ou trois minutes de ton temps afin de nettoyer ton corps d'énergie et ainsi lui redonner de la vigueur. En effet, c'est l'eau qui coule le long du corps qui libère ton énergie et non la quantité de savon que tu utilises. C'est le même phénomène qui se produit lorsque tu nages.

Notre peau est également un élément important de notre corps. Une peau en santé et bien propre respire mieux. J'ai commencé à m'en occuper vers l'âge de trente ans. J'avais un beau teint, mais quand j'ai réalisé à quel point il y avait des polluants dans l'air j'ai décidé d'aider ma peau. Ce fut un acte d'amour envers moi-même. J'applique donc toujours une crème de jour pour la protéger et une crème de nuit pour la nourrir durant mon sommeil. J'applique aussi une mince couche de crème solaire lorsque je suis exposée au soleil. En faisant ces gestes, je dis à ma peau que je l'aime.

Tout ce que tu fais pour aider ta peau est une façon de la remercier pour son travail continuel qui est d'absorber l'oxygène de l'air (qui représente la vie) et de rejeter le dioxyde de carbone (toxines). Les personnes qui ont un teint terne ont une peau qui manque d'oxygène. La plupart d'entre nous ne vivent pas dans un endroit où l'air est pur. Si c'était le cas, nous aurions tous un beau teint rosé et notre peau aurait tout ce dont elle a besoin. Il ne serait pas nécessaire que nous l'aidions. La réalité est plutôt que plusieurs d'entre nous travaillent dans un environnement climatisé, donc où l'air est inerte, et que nous n'allons pas respirer de l'air pur lorsque nous revenons à la maison.

Si tu mets en pratique tous les petits trucs décrits ci-dessus, tu aideras ton corps à mieux éliminer et éviteras ainsi d'accumuler des déchets qui t'enlèvent de l'énergie, causent des malaises et des maladies et te font vieillir prématurément. N'oublie pas que tu traites ton corps physique de la même façon que tes corps émotionnel et mental. C'est donc un ensemble de choses qui cause des maladies puisque nos trois corps sont interreliés. Ce qui est formidable c'est qu'aussitôt que tu changes quelque chose au niveau de l'un de tes trois corps, les deux autres se transforment automatiquement.

Si, par exemple, tu améliores ton alimentation ou que tu bois plus d'eau, tu verras que quelque chose changera au niveau de ton comportement ou de ton attitude. Si tu deviens conscient d'une croyance qui ne t'est plus utile, car elle entretient de la peur en toi et que tu décides de changer ton attitude suite à cette prise de conscience, il est certain que quelque chose changera aussi au niveau de ton physique. C'est très bénéfique pour toi de devenir de plus en plus conscient.

Il m'arrive souvent de revoir une personne que je n'ai pas vue depuis au moins un an et de constater que son corps physique a changé, que ce soit au niveau de son poids, de sa coiffure, du genre de vêtements qu'elle porte ou de son maintien. Ça me permet de savoir qu'elle a aussi fait un changement aux niveaux émotionnel et mental. Les gens sont souvent étonnés lorsqu'ils réalisent que j'ai remarqué qu'ils se sont transformés. Ils oublient que leur corps est le reflet des deux autres corps.

Maintenant que je t'ai expliqué à quel point il est important de se libérer de nos toxines et d'éviter de trop en produire pour rester jeune, es-tu prêt à faire un changement dans ta vie ?

Il y a toujours trois éléments importants qui doivent être présents en nous pour que nous puissions modifier un comportement ou une attitude qui nous nuit :

1. être conscient de la nécessité à passer à du nouveau;
2. avoir la volonté d'éliminer ce comportement ou cette attitude afin de se diriger vers notre besoin;
3. avoir le courage de passer à l'action.

Exercices physiques

L'exercice physique, le repos et les loisirs sont aussi des besoins essentiels pour notre corps afin que notre énergie y circule bien.

Lorsque j'étais plus jeune, je ne réalisais pas à quel point il est important de faire une activité physique quotidiennement. Quand j'en ai pris conscience, j'ai pris l'habitude de prendre des marches et c'est devenu mon exercice préféré. Marcher c'est facile, on peut le faire n'importe où et c'est gratuit. C'est aussi le seul exercice au cours duquel tous les organes internes reçoivent un massage. Il suffit d'être discipliné pour pratiquer cette activité tous les jours. La discipline, c'est comme un muscle : ça se développe !

La majorité des gens de mon âge me disent qu'ils ne peuvent plus faire de longues marches parce qu'ils ont mal aux jambes, aux genoux ou aux hanches. Voilà pourquoi il est si important de prendre l'habitude de marcher régulièrement avant qu'il ne soit trop tard. Commence maintenant et souviens-toi que ça prend au moins trois mois pour qu'une activité devienne une seconde nature, c'est-à-dire qu'on la fait naturellement et sans effort. Même si tes marches ne durent que 15 minutes les premières fois, le simple fait de le faire chaque jour t'aidera à instaurer une routine. Puis, augmente un peu ton temps de marche les semaines suivantes. Je sais par expérience que tu auras parfois envie de demeurer dans le confort et la chaleur de ton foyer. Lorsque ceci arrivera, prends le temps de te souvenir du bonheur que ton corps ressent quand tu prends une marche. Je suis convaincue que ça t'aidera à prendre la décision de sortir de chez toi.

Si tu veux que ton corps t'aide, tu dois l'aider aussi. Sinon il finira par ne plus faire d'efforts, comme toi. C'est la même chose avec les gens que tu aimes : si tu ne faisais jamais rien pour eux, mais que tu t'attendais toujours à ce qu'ils t'aident quand tu en as besoin, viendrait un jour où ce petit manège ne fonctionnerait plus.

Lorsque je me suis mariée et que j'ai débuté une famille, je me trouvais toutes sortes de raisons pour ne pas aller marcher même si j'ai toujours aimé ça. Je me disais qu'avec la maison, les enfants et le travail à temps plein, il était normal que je n'aie pas le temps de faire cette activité.

Lorsque je suis devenue plus consciente de la grande intelligence du corps vers l'âge de 40 ans, j'ai commencé à marcher entre 3 et 4 fois par semaine et à faire des exercices physiques tous les matins au saut du lit, juste avant de prendre ma douche. J'étais aussi occupée qu'avant, mais j'avais décidé de prendre le temps de le faire. **On ne manque jamais de temps dans la vie !** On pense en manquer alors que la réalité est qu'**on ne prend pas le temps de faire ce qu'on veut.** Cela indique que nous ne sommes pas le maître de notre temps. Est-ce que ce sont les peurs de ton ego ou les besoins de ton cœur qui décident comment tu occupes ton temps ?

Un jour, j'ai décidé de me lever 15 à 20 minutes plus tôt chaque matin pour faire quelques exercices et prendre ma douche pour nettoyer mon corps d'énergie. Je récolte les bienfaits de cette décision depuis près de 40 ans et j'en suis très heureuse. Cela dit, ce n'est que depuis que j'ai atteint l'âge de 70 ans que je suis devenue consciente des effets positifs de mes exercices physiques. J'ai conservé presque toute ma souplesse. Je peux encore monter et descendre un escalier rapidement, me pencher et me relever facilement. C'est très important pour moi de laisser savoir à mon corps, dès que je me lève, que je suis reconnaissante pour tout ce qu'il fait pour moi et que ça me fait plaisir de faire des exercices pour l'aider en retour.

Mes proches me disent souvent que je suis vaillante, disciplinée, déterminée et qu'ils m'envient d'être capable de continuer ainsi. D'autres me disent qu'ils n'arrivent pas à se contrôler et que c'est pour ça qu'ils ne font pas d'exercices. Je dois alors leur expliquer que le contrôle est motivé par la peur et la discipline par l'amour.

Une personne qui se contrôle se forcera pour aller marcher quotidiennement afin d'éviter de se sentir coupable. Le jour où elle ne peut pas aller marcher, elle sent le besoin de justifier ce manquement auprès d'elle-même ou des autres. La personne disciplinée le fait par amour pour elle-même en pensant au bien-être qu'elle vit durant et après la marche. Les jours où elle ne peut pas le faire, elle accepte sa limite du moment et ne se justifie pas.

On me demande régulièrement quels exercices je fais. J'ai donc décidé de vous les partager. Chaque matin je fais cinq ou six exercices d'étirement puis j'enchaîne avec *Les 5 tibétains* (une forme de yoga) suivis de *La technique Nadeau.* Selon le temps que j'ai à ma disposition, je fais soit les deux exercices ou un seul.

Les 5 tibétains aident à régulariser et à équilibrer les chakras et *La technique Nadeau* aide surtout à équilibrer le corps en effectuant une rotation du bassin. Si tu as envie d'en savoir davantage sur ces deux d'exercices, tu pourras facilement trouver des détails à ce sujet sur Internet.

Si tu es un novice dans ce type d'exercice, il est important de ne pas t'en demander trop au départ. Fais confiance à ton corps : il te fera savoir quand tu pourras augmenter le nombre de fois que tu fais chaque exercice. Quel que soit ton âge, sache qu'il n'est jamais trop tard pour commencer à bouger. Tu peux même essayer plusieurs sortes d'exercices pour trouver ce qui te convient le mieux. Chaque jour, les occasions de faire une activité physique sont présentes dans notre vie. Il suffit d'en prendre conscience. On peut donc décider de marcher un peu plus vite, de monter ou descendre des escaliers sans se tenir à la rampe, ou utiliser l'escalier plutôt que l'ascenseur, etc. Souviens-toi que chaque fois que tu aides ton corps physique, tu lui donnes de l'amour et tu lui permets de garder sa forme naturelle.

Un autre truc que j'ai appris il y a quelques années pour mieux profiter de la marche est d'imaginer que j'ai un fil attaché à mon nombril et qu'il y a quelqu'un devant moi qui le tire. C'est vraiment magique ! En plus, aussitôt que j'imagine le fil, mon corps est automatiquement plus droit. Depuis ce temps, je remarque davantage qu'en prenant de l'âge, les gens marchent avec un dos courbé, comme s'ils avaient un poids trop lourd sur le dos. Le fait de marcher bien droite me donne alors le sentiment que je ne traîne pas avec moi tout le poids des années précédentes et que je vis beaucoup plus le moment présent. Je me sens plus légère en marchant.

J'ai mentionné plus haut qu'il faut répéter un geste pendant environ trois mois avant qu'il ne devienne une habitude. Il semble que ce soit le temps requis par notre cerveau pour créer une nouvelle voie neuronale. Sa neuroplasticité nous permet de continuellement créer de nouvelles voies. Celles que nous n'utilisons plus se résorbent peu à peu, comme une route qui ne serait plus utilisée et qui tombe à l'abandon. Si tu prends le temps d'y réfléchir, tu t'apercevras que tu as créé beaucoup de voies neuronales dans ton cerveau. Pense à toutes tes habitudes du genre manger au même endroit à la table, prendre un thé à la fin du repas, conduire sans penser à tous les gestes qui sont nécessaires pour y arriver, dire merci sans réfléchir, critiquer aussitôt que tu n'es pas d'accord, etc. Le cerveau ne fait pas de différence entre une voie neuronale positive ou négative. Il ne fait que suivre les instructions de ton mental. Tu es le SEUL créateur de ta vie.

Tout ce qui est enregistré dans notre mémoire (habitudes, croyances, dépendances) contribue à créer des voies dans notre cerveau. Certaines sont plus importantes que d'autres. Plus la mémoire contient une charge émotive, donc de la peur, plus la voie est considérable. Par exemple, une obsession crée une voie qui pourrait se comparer à une autoroute.

Nous avons tous le pouvoir de créer de nouvelles voies et de laisser disparaître celles qui ne sont plus utiles. Évidemment, on peut s'attendre à ce que ce soit plus long pour les voies neuronales importantes. Cela dit, ce n'est pas forcément le cas puisque les miracles existent. Le fait de vouloir, de visualiser ce que nous voulons et de poser les actions pour y parvenir nous permet de changer les choses.

Le repos et les loisirs

En ce qui concerne le repos, sache que ce n'est qu'en étant plus conscient des besoins de ton corps que tu sauras quand et combien de temps le reposer. Plus tu écouteras tes besoins en général, plus les heures de sommeil et de repos diminueront.

Notre corps a des cycles d'énergie qui durent environ 90 minutes. Durant ce temps, notre énergie baisse tranquillement puis remonte dans la demi-heure qui suit. Ces cycles ont aussi lieu pendant notre sommeil. En général, le moment où notre énergie baisse est plus ou moins perceptible.

Je te suggère de porter attention à ces cycles d'énergie. Si tu sens une baisse d'énergie soudaine pendant la journée, que tes paupières s'alourdissent, prends une pause de 10 ou 15 minutes. Assois-toi confortablement ou, si possible, étends-toi. Puis, ferme tes yeux et prends conscience de ta respiration. Si tu sens que tu vas t'endormir, dis à ton corps que tu lui donnes 15 minutes pour se reposer parce que si tu dors plus d'une demi-heure, ton sommeil de la nuit suivante en sera affecté. En faisant cette demande à ton corps, tu verras qu'il te réveillera au bon moment. Si tu en doutes, rien ne t'empêche d'utiliser le minuteur de ton téléphone.

Chaque personne est différente. On ne peut donc pas statuer sur le nombre d'heures de sommeil nécessaires pour être en forme. Ça dépend de ce que nous vivons pendant la journée. Moins on écoute nos besoins d'ordre physique, émotionnel et mental, plus le corps physique aura besoin de sommeil pour récupérer. Notre corps d'énergie est celui qui revitalise les trois autres corps. Un fait important à noter est qu'il a été prouvé que le corps récupère davantage durant les deux premiers cycles de 90 minutes, donc les trois premières heures de sommeil.

Il est important de se coucher quand ton corps le demande. Si tu ne sais pas ce qu'il souhaite, explique-lui ce que tu as à faire le lendemain et dis-lui à quelle heure tu dois te lever. Puis, dis-lui que tu le laisses décider de l'heure à laquelle tu dois te coucher. Je procède ainsi depuis très longtemps et ça fonctionne. Après avoir parlé à mon corps, je me prépare pour la nuit : je prends ma douche, j'applique ma crème de nuit sur mon visage, etc. Puis je m'installe dans ma chaise de lecture et je lis. J'adore lire avant de dormir. Dès que mes yeux commencent à se fermer, je vais tout de suite au lit et je m'endors rapidement.

Je ne me force jamais pour lire plus longtemps, car lorsque mes yeux se ferment naturellement je sais que je suis à la fin d'un cycle d'énergie. Si j'attends avant de me coucher, je n'arrive pas à dormir et je dois attendre la prochaine baisse d'énergie. Comme je suis très consciente de ce fait, je m'endors toujours très rapidement. Parfois je ne dors que quelques heures. Je considère un sommeil de 7 ou 8 heures une longue nuit. Je fais totalement confiance à mon corps. Il sait ce dont il a besoin.

Je connais plusieurs personnes qui sont retraitées et qui continuent de croire qu'elles doivent se lever à une heure spécifique le matin. Elles se lèvent donc toujours au son du réveille-matin, même les jours où elles auraient besoin de plus de sommeil. Ces personnes ne font pas confiance à leur corps et sont dirigées par leurs croyances.

C'est la même chose pour ceux qui se réveillent en pleine nuit et qui n'arrivent pas à se rendormir. Au lieu de se lever et de faire confiance à leur corps, elles s'inquiètent et essaient de contrôler leur sommeil en se forçant à fermer les yeux. Elles peuvent passer des heures à se retourner dans leur lit. Si c'est quelque chose que tu vis parfois, je te conseille de te lever au bout de quinze minutes et de t'occuper à quelque chose d'agréable. Dis à ton corps que tu lui fais confiance et qu'il n'a qu'à te laisser savoir s'il a encore besoin de sommeil. Lorsqu'il sera fatigué de nouveau, tes paupières deviendront plus lourdes. Tu sauras alors qu'il est temps de retourner au lit. Sinon, je peux t'assurer que même si tu as moins dormi que d'habitude, tu pourras quand même passer une bonne journée.

Il m'arrive parfois de me réveiller au bout de quatre heures de sommeil sans ressentir le besoin de retourner me coucher par la suite. Je suis toujours heureuse quand ça se produit parce que ça me permet de faire des choses qui sont sur ma liste « Non urgente ». D'ailleurs, j'ai de moins en moins besoin de sommeil et je continue à avoir une vie très active. Je sais donc que cette façon de gérer mon repos et mon sommeil est bonne pour moi. Tu dois donc trouver ce qui te convient le plus et, surtout, arrêter de croire que tu dois dormir un certain nombre d'heures.

Ce qui est le plus important c'est d'avoir un sommeil réparateur. Si tu es heureux de te lever, que tu es de bonne humeur et que tu te sens plein d'énergie, tu sauras que tu as eu un sommeil réparateur. Je connais des gens qui se sentent comme ça après seulement trois heures de sommeil. D'autres ne sont pas de bonne humeur et sont encore fatigués après dix heures de sommeil et la journée qui débute ne les enthousiasme pas. Les personnes qui sont dans cette situation reçoivent plein de messages qu'il est urgent pour eux de commencer à changer leur façon de vivre autant au niveau physique que psychologique. À force d'observer des gens qui vivaient un cas similaire, j'en suis venue à la conclusion qu'ils avaient accumulé tellement de déchets sur le plan physique et d'émotions et de peurs sur le plan psychologique que leurs corps subtils avaient de la difficulté à se détacher la nuit.

Toutes les espèces sur Terre doivent avoir un temps de repos, et ce, quotidiennement. En ce qui te concerne, tes corps subtils, soit émotionnel et mental, se détachent de ton corps physique lorsqu'il dort et vont dans le monde astral. Ils demeurent attachés à ton corps physique par une corde d'argent qui est reliée dans l'invisible à ta tête, à ton cœur et à la base de ta colonne vertébrale. Cette corde fait partie de ton corps d'énergie qui nourrit tes trois corps. Le fait que tes corps émotionnel et mental ne sont plus sollicités durant le sommeil permet à ton corps d'énergie de s'occuper principalement de ton corps physique.

Le réveil se fait naturellement quand tes deux corps subtils reviennent du monde astral, soit au moment où ton corps physique est assez reposé. Par contre, si tu es réveillé par un bruit inattendu, un réveille-matin ou par quelqu'un qui te touche, tu ne te sentiras pas bien pendant quelques minutes. Ceci s'explique par le fait que tes corps subtils sont revenus du monde astral trop rapidement. Lorsque ceci se produit, détends-toi en respirant profondément pendant une bonne minute. Ceci permettra à tes trois corps de bien s'intégrer.

Tu peux aussi te reposer en ne faisant rien ce qui ne veut pas nécessairement dire de rester assis et immobile et de fixer l'espace devant toi. Pour moi, qui suis une personne très active de nature, ça signifie faire une activité qui ne me demande aucun effort physique, émotionnel ou mental comme : marcher lentement et prendre le temps de m'arrêter pour regarder la nature, un oiseau ou une belle maison; lire un livre qui ne me demande aucun effort mental; regarder un film qui me fait rire, qui me divertit; méditer; faire un casse-tête sur ma tablette, etc. Habituellement, lorsqu'on se repose en ne faisant rien de la bonne façon, notre corps d'énergie se recharge en seulement 15 minutes. Par contre, si tu attends d'avoir épuisé ta réserve d'énergie pour t'arrêter, tu ne pourras pas récupérer en 15 minutes.

Les gens me demandent souvent, surtout après plusieurs jours d'ateliers, où je puise toute mon énergie. La réponse se trouve dans ma capacité à recharger mon énergie régulièrement et rapidement. Même si mes jambes sont fatiguées parce que je suis restée longtemps debout, j'ai plein d'énergie. Ce qui nous vide le plus de notre énergie ce sont les émotions et les peurs que nous entretenons. J'en parlerai dans les prochains chapitres. Lorsque nous sommes fatigués physiquement seulement, on peut récupérer facilement.

J'ai aussi toujours l'énergie nécessaire pour m'amuser. Je me demande depuis longtemps si j'aime m'amuser parce que j'ai de l'énergie ou si j'ai de l'énergie parce que je sais m'amuser. Comme je n'ai jamais pu répondre à cette question, j'ai décidé de croire que les deux sont vrais. De plus, j'ai autant d'enthousiasme à m'amuser qu'à travailler. Et toi ? Qu'est-ce qui t'amuse, qui te fait tout oublier, qui te fait rire ? Pourrais-tu me répondre rapidement si je te demandais combien de fois tu t'es amusé depuis une semaine ? Lorsque tu te couches le soir et que tu fais une rétrospective de ta journée, que tu fais tes remerciements, prends aussi le temps de penser à ce que tu as fait pour t'amuser. Pour ma part, je n'ai pas besoin d'y réfléchir en me couchant puisque je trouve facilement des activités amusantes.

Je profite de ce chapitre sur les besoins du corps physique pour dire quelques mots sur la chirurgie esthétique parce qu'on me demande souvent ce que j'en pense. Je n'ai rien contre le fait de se faire aider esthétiquement, mais seulement si le travail intérieur a été fait, donc que la chirurgie est faite par amour pour soi et non par peur de ne pas être aimé si le défaut esthétique n'est pas corrigé. Quand une personne croit qu'elle sera davantage aimée par les autres et que sa vie changera complètement après sa chirurgie, c'est signe que c'est la partie en elle qui a peur de ne pas être aimée qui a pris la décision. Si cette personne n'est pas plus aimée après sa chirurgie, elle pourrait devenir déprimée et s'effondrer. Par contre, une personne qui fait une correction sur son corps physique par amour pour elle peut s'avérer être très bénéfique. Elle le fait pour elle seulement et non pour les autres.

Voilà pourquoi les chirurgiens ne peuvent jamais garantir le résultat d'une intervention pour plus de deux ans, car ils se sont rendu compte que ça ne dure pas. Je connais des personnes qui se sont fait refaire le nez parce qu'elles le trouvaient trop gros. Quelques années plus tard, leur nez a grossi à nouveau et il est souvent moins beau qu'au départ. Il est évident que si le travail intérieur n'a pas été fait, le corps redeviendra comme avant ou pire.

Voilà qui termine le chapitre sur les besoins du corps physique. J'espère que les sujets abordés t'aideront à prendre soin de ton corps. Pour obtenir d'autres explications à ce sujet, réfère-toi à mon premier livre[2].

---

2 *Écoute ton corps, ton plus grand ami sur la terre,* édité par Les Editions ETC en 1987.

Chapitre cinq

Vie personnelle, intime et familiale

Le présent chapitre traite des façons de bien gérer ta vie personnelle afin que tu puisses garder la forme. J'ai pris le temps de noter ce qui m'a le plus aidée à y parvenir avant d'écrire ce livre et il me fait plaisir de te partager mes idées à ce sujet. Quant à la vie professionnelle, elle sera couverte dans le prochain chapitre.

La plupart des gens vivent du stress quotidiennement et il est un facteur très important du vieillissement prématuré. Il est généralement causé par le fait que nous écoutons notre ego au lieu de notre cœur. Souviens-toi ce que j'ai mentionné auparavant soit que notre ego aime nous faire vivre dans la peur et la culpabilité, ce qui n'est pas de tout repos. J'ai aussi parlé du fait que notre façon d'écouter les besoins de nos corps émotionnel et mental a une influence directe sur notre capacité à écouter les besoins de notre corps physique. Cela dit, il n'est pas toujours facile de modifier un comportement ou une attitude, mais être conscient du besoin de changer, avoir la volonté ainsi que le courage de le faire est ce qu'il faut pour réussir.

Malheureusement, j'entends souvent des gens d'un certain âge me dire qu'ils sont trop vieux pour changer, qu'ils sont habitués de vivre comme ils vivent et qu'ils préfèrent demeurer comme ils sont puisqu'ils n'en sont pas morts. D'autres me disent que tout le monde doit mourir de quelque chose et qu'il ne vaut donc pas la peine de s'en faire. Enfin, il y a ceux qui croient que leur mort est déjà planifiée et que ça ne sert donc à rien de s'acharner à changer quoi que ce soit.

Chaque fois que j'entends ce genre de commentaire, ça me brise le cœur, surtout quand ils proviennent de personnes qui n'ont que 50 ans et qui n'ont pas la vie qu'ils désirent. Ça me fait de la peine de réaliser que certaines personnes ne s'aiment pas assez pour faire ne serait-ce qu'un petit effort pour améliorer leur qualité de vie et qu'elles choisissent plutôt d'être des victimes de la vie.

Il est important de comprendre que nous pouvons décider de changer notre vie à n'importe quel âge et que ça fera une grande différence sur notre qualité de vie, et ce, jusqu'à la fin de nos jours. Ça affectera même la façon dont nous mourrons et à quel âge. Je n'ai aucun doute à ce sujet puisque je reçois souvent des témoignages de gens qui ont réussi à transformer leur vie personnelle et professionnelle même s'ils se croyaient trop âgés. Faire les efforts nécessaires pour prendre une nouvelle habitude, même si ça prend quelques mois pour y arriver, en vaut vraiment la chandelle.

Certaines personnes me disent qu'elles n'ont pas la volonté nécessaire pour changer. Elles oublient que c'est le manque d'amour de soi qui les empêche de se transformer, que la volonté c'est comme la discipline : plus on l'exerce, plus elle se renforce.

Toutes les âmes ont les mêmes capacités, dons, talents et pouvoirs. C'est ce que nous décidons d'en faire qui fait que nous devenons différents les uns des autres. Notre âme ne veut qu'une seule chose : que nous écoutions notre cœur au lieu de notre ego, donc que nous nous aimions. Notre âme souffre chaque fois que nous écoutons notre ego, mais nous sommes généralement trop inconscients pour ressentir cette souffrance qu'elle soit psychologique ou physique.

Il n'est jamais trop tard pour redécouvrir nos forces parce que nous avons le pouvoir de choisir. D'ailleurs, nous sommes les seules créatures vivant sur cette planète à avoir cette faculté. Alors que choisiras-tu aujourd'hui ? Iras-tu puiser dans les réserves de ta grande puissance intérieure pour aller vers ce que tu veux ou choisiras-tu d'ignorer ta force naturelle et de continuer de croire que tu n'es pas capable de changer ?

J'ai mentionné ci-dessus que le stress est une grande cause du vieillissement hâtif. Voici plusieurs raisons pour lesquelles nous en vivons au quotidien et dont je parlerai ci-après : le manque d'organisation; se croire responsable du bonheur ou du malheur des autres; le manque d'autonomie; le perfectionnisme idéaliste; le manque de respect; le déni et le manque de communication.

Le manque de temps et l'organisation

La plupart des gens croient qu'il est impossible pour une personne de ne jamais vivre de stress et je dois dire que je suis d'accord. Le fait que je sois une personne très active, fonceuse, remplie de projets et aimant vivre de nouvelles expériences m'a menée à en vivre beaucoup. Il m'a fallu de nombreuses années avant de devenir consciente que je pouvais vivre ce stress de différentes façons.

Le stress est dommageable lorsque nous laissons les émotions et les peurs, causées par nos différentes blessures, contrôler notre vie. Des peurs qui nous font perdre nos moyens, nous font douter de nous, nous font prendre de mauvaises décisions, nous paralysent.

Dans mon autobiographie *WOW ! Je suis DIEU et tu l'es aussi,* que j'ai écrite en 1991 alors que j'avais 50 ans, je raconte de nombreux incidents personnels où j'ai vécu beaucoup de stress. J'ai fondé mon école neuf ans avant d'écrire ce livre. J'ai donc pu vérifier la différence entre l'attitude que j'avais face au stress avant et après avoir commencé à appliquer tout ce que j'enseignais. Tu as certainement pu le constater par les exemples donnés jusqu'à maintenant et dans la suite de ce livre.

Ma plus grande source de stress a été la gestion de mon temps. Ayant toujours été une personne extrêmement active, mon horaire est continuellement très chargé. Avec le temps, j'ai fini par apprendre que ce stress peut être bénéfique. En effet, la plupart du stress que je vis aujourd'hui m'aide à avoir l'énergie nécessaire pour atteindre tous mes buts et réaliser mes projets. C'est important pour moi d'avoir du plaisir à anticiper des événements futurs. Dans ma vie personnelle, j'ai toujours planifié d'avance des sorties avec mon conjoint, des activités avec les enfants et des rencontres familiales.

J'ai eu le privilège d'avoir une maman très active qui a toujours su concilier le travail et la vie personnelle. Elle était extrêmement organisée ce qui est un excellent moyen pour bien gérer le stress. Ma mère n'avait pas d'agenda mais elle avait une bonne mémoire et écrivait beaucoup sur des bouts de papier. Cela dit, je crois qu'il est important de savoir utiliser un agenda pour arriver à bien vivre le stress qu'on vit face à nos vies occupées.

Fais-tu partie des gens qui croient qu'un agenda n'est utile que pour notre vie professionnelle ? Si c'est ce que tu crois, je te suggère de l'utiliser pour ta vie personnelle. Je note tous mes engagements dans un agenda – personnels et professionnels – depuis que j'ai 25 ans. J'ai aussi toujours un cahier dans lequel je note ce que j'ai à faire au fur et à mesure que j'y pense. Cette liste ne représente pas nécessairement des engagements. C'est plutôt une façon de libérer mon esprit et de conserver mon énergie pour autre chose. Cette manière de procéder a été très bénéfique pour moi. Ça m'a permis d'être moins stressée par le temps et d'accomplir beaucoup de choses. De plus, le fait d'avoir un seul agenda m'a facilité la vie puisque j'ai toujours une vue d'ensemble sur mes activités.

Savais-tu qu'on ne peut en moyenne conserver qu'un maximum de douze choses à faire à la fois dans notre mémoire immédiate ? Il y a beaucoup de choses que nous ne notons jamais tel que préparer le repas, appeler quelqu'un, sortir les vidanges, aller chercher notre enfant à l'école, etc. Quand nous essayons de nous souvenir mentalement de plus de douze choses, nous pouvons oublier de faire des tâches importantes ou habituelles. C'est la raison pour laquelle nous devrions noter tout ce qui peut l'être.

C'est cette méthode qui me permet de continuer à avoir une vie bien remplie. Parfois, j'ai l'impression d'étirer le temps. Puisque tout est noté, je n'ai habituellement pas peur de ce que j'ai à faire. Je sais que je vais y arriver malgré les imprévus. Chaque semaine je révise ce que j'ai fait la semaine précédente et je me demande souvent comment c'est possible d'en faire autant. J'ai encore de la difficulté à expliquer ce phénomène, mais j'espère bien le comprendre un jour. Peut-être que j'enseignerai comment étirer le temps dans un avenir prochain

Pour le moment, je suis convaincue qu'il ne faut pas encombrer notre mémoire avec plein de détails tels que les appels à faire, les choses à acheter, les sorties personnelles à venir, les rencontres familiales à planifier, etc. Aussitôt que je pense à quelque chose, je le note sur ma liste de choses à faire. Chaque jour je trouve toujours du temps pour en régler plusieurs malgré mon agenda chargé.

Il y a certaines choses que je ne note pas par contre comme aller marcher. Pour moi, c'est une habitude. Mon corps m'informe toujours quand c'est le temps de ma marche. Je ne m'en fais pas pour les tâches que je n'ai pas pu accomplir parce que je sais que j'aurai plein d'énergie à mon retour, que j'en ferai deux fois plus après.

Être bien organisé c'est aussi prendre l'habitude de remettre le moins possible à plus tard. En général, quand quelque chose est écrit dans notre agenda, on le fait sans y penser. Quand il y a un imprévu qui nous empêche d'accomplir ce que nous avions prévu faire, il est important de le noter à nouveau. On reporte souvent à plus tard les impératifs de la vie comme appeler pour faire réparer quelque chose, retourner des appels, payer une facture, organiser une sortie ou des vacances, etc. Combien de fois on ne range pas tout de suite un papier, un vêtement ou qu'on attend pour ouvrir notre courrier en se disant qu'on le fera plus tard ? À force d'accumuler plein de petites tâches, on devient découragé et même stressé. Pour ma part, chaque fois que j'ai une tâche qui prend moins de deux minutes à terminer, je la fais tout de suite. Cette habitude, que j'ai prise il y a longtemps, a grandement contribué à la bonne gestion de mon stress par rapport au temps que j'ai pour accomplir mes nombreuses tâches et m'a aussi permis d'être mieux organisée.

J'aimerais aussi souligner qu'on peut être structuré même lorsque nous sommes à la retraite et qu'on prend de l'âge. Malheureusement, j'entends souvent les gens me dire qu'ils manquent de plus en plus de temps en vieillissant ou qui se demandent comment ils faisaient pour arriver lorsqu'ils travaillaient à temps plein. Le simple fait de dire qu'ils réussissaient à tout accomplir avant prouve que nous sommes les seuls à décider de comment nous gérons notre temps. La planification, c'est utile toute notre vie.

La responsabilité et la culpabilité

Le manque d'organisation n'est pas la seule raison pour laquelle nous vivons du stress. Refuser de prendre notre responsabilité en est une autre. On vit alors beaucoup d'émotions et on se sent coupable ce qui nous fait vivre du stress. On vieillit donc plus vite. Dans le chapitre deux, j'ai expliqué ce que signifie être responsable. La plupart des gens sont d'accord avec cette définition. Par contre, très peu de personnes arrivent à en appliquer les principes dans leur vie. D'ailleurs, nous avons fait un sondage auprès d'une centaine de clients d'*Écoute Ton Corps* et il en est ressorti que la notion de responsabilité est celle qui est la plus difficile à mettre en pratique parmi toutes celles qui sont enseignées à ETC. Si tu décides de ne pas mettre en pratique la notion de responsabilité, tu continueras de vivre plein d'émotions et, par conséquent, du stress.

Il est important de ne pas oublier que les gens qui t'entourent sont présents dans ta vie afin de t'aider à devenir conscient de ce que tu as à apprendre dans cette vie-ci. En effet, nous sommes tous réglementés par la loi d'attraction. Notre âme est donc naturellement attirée vers les lieux et les gens dont nous avons besoin pour parvenir à aimer véritablement. IL N'Y A AUCUN HASARD DANS LA VIE !

Tant et aussi longtemps que nous ne vivrons pas dans l'amour véritable, notre âme reviendra sur la Terre. C'est d'ailleurs son seul souhait. Même si nous avons un corps différent à chaque incarnation, notre âme reste la même c'est-à-dire qu'elle conserve toutes les croyances de notre ego qui ont été accumulées au fil de nos vies. Tel que je l'ai mentionné précédemment, nous avons l'immense privilège de pouvoir choisir ce que nous voulons, donc d'écouter notre cœur au lieu de notre ego. Malheureusement, la plupart des gens choisissent ce qu'ils ne veulent pas plutôt que ce qu'ils veulent parce qu'ils écoutent leur ego. Ils vivent donc des émotions et des peurs ou se sentent coupables.

Devenir consciente de la notion de responsabilité à l'âge de 40 ans fut l'une des plus grandes révélations de ma vie. Je suis d'ailleurs toujours émue quand je vois la réaction des gens qui en entendent parler pour la première fois dans les ateliers que je donne. Plusieurs viennent me dire par la suite qu'ils sont vraiment heureux d'avoir un outil qui les aidera grandement à se déculpabiliser. Par contre, ce n'est que lorsqu'ils mettront cette notion en pratique qu'ils en ressentiront les bienfaits. En effet, le jour où ils commencent à prendre leurs responsabilités, ils ne peuvent plus se sentir coupables ou culpabiliser les autres comme auparavant.

Lorsque je travaillais dans le domaine de la vente et que je ne connaissais pas la notion de responsabilité, je me sentais souvent coupable vis-à-vis de ma famille parce que j'étais éloignée d'elle la plupart du temps. Je travaillais régulièrement sept jours sur sept puisque j'étais la gérante régionale du Québec pour la compagnie Tupperware. Mon mari me le reprochait fréquemment ce qui créait des disputes. Si tu as lu mon autobiographie, tu es au courant de ce que je vivais.

Le jour où j'ai appris qu'il était important de prendre sa responsabilité, j'ai arrêté de me sentir coupable professionnellement, car j'avais accepté toutes les conséquences de mon choix de travail. De plus, mes enfants ont cessé de me faire sentir coupable à ce moment-là. Beaucoup plus tard, ils m'ont dit qu'ils étaient contents d'avoir une maman qui n'était pas toujours à la maison parce que ça leur avait permis de se sentir plus libres. Je suis certaine que j'aurais vécu la même chose avec leur papa si j'avais su comment être responsable plutôt que m'accuser.

J'en ai eu la preuve avec mon deuxième conjoint, que j'ai rencontré peu de temps après la fondation d'*Écoute ton corps*. Il ne s'est jamais plaint du nombre d'heures que je travaillais. Malgré tout le temps que j'ai toujours consacré à ma vie professionnelle, je sais que le fait de vivre moins d'émotions grâce à la notion de responsabilité me permet de conserver mon énergie. En ayant plus d'énergie, j'ai toujours pu trouver du temps pour organiser des rencontres familiales, des sorties avec mes amies, etc.

Au niveau personnel, mes deux fils m'ont beaucoup aidée à réellement mettre en pratique la notion de responsabilité. J'ai eu plus de difficulté à appliquer ce que j'enseignais avec eux. Il fut un temps où je les aidais souvent financièrement. À ce moment-là, je le faisais par peur d'être une mauvaise mère. Mon ego me faisait vivre plein d'émotions quand je leur prêtais de l'argent, car j'avais plein d'attentes par la suite. J'espérais qu'ils changent leur façon de vivre, je m'en voulais d'avoir accepté de leur en prêter quand je me rendais compte qu'ils ne me remboursaient pas, je leur en voulais de ne pas tenir leurs promesses, de ne pas être reconnaissants, je les jugeais d'être des profiteurs et je croyais qu'ils étaient injustes envers moi.

Un jour, j'en ai eu assez de toutes ces émotions et de mes attentes qui venaient de mon ego. J'ai donc décidé de prendre ma responsabilité et je me suis rendu compte que les arrangements que je faisais avec mes fils n'étaient pas mutuels. En effet, j'imposais les conditions des prêts que je leur accordais. De leur côté, ils acceptaient pour ne pas me décevoir et espéraient pouvoir répondre à mes attentes. Je ne voulais pas admettre qu'ils étaient indisciplinés pour gérer leur argent, tout comme leur père dont je n'avais jamais accepté ce comportement. C'est la raison pour laquelle je n'écoutais pas mon cœur quand je les aidais financièrement. J'écoutais plutôt mon ego qui espérait qu'ils changeraient un jour.

Quand j'ai pris conscience de ceci, j'en ai fait part à mes fils. Je leur ai dit que s'ils avaient besoin d'argent, je déciderais tout simplement si je voulais leur en DONNER ou non, plutôt que de leur en prêter parce que ça m'avait fait vivre trop d'émotions quand ils ne respectaient pas leurs promesses de remboursement. Ils ont très bien accueilli ma décision et m'ont dit gentiment que j'étais libre de faire ce que je voulais avec mon argent. Étonnamment, ils ont rarement eu besoin de mon aide financière depuis ce temps. Cela dit, lorsqu'ils m'en demandent, j'arrive maintenant à prendre le temps de vérifier ce que je ressens à l'intérieur de moi avant d'accepter de leur en donner. Lorsque je dis non, ma décision est bien reçue, ce qui me permet de savoir que je m'accepte dans cette situation.

Un bon moyen de savoir si tu t'acceptes dans un certain comportement est de porter attention à la réaction des autres. S'ils ne t'acceptent pas et essaient de te culpabiliser, c'est signe que tu ne t'acceptes pas encore complètement. Nous avons beaucoup de choses à apprendre des gens qui nous entourent et demeurer attentif à leurs réactions c'est une façon d'être responsable. C'est se souvenir que tout ce que nous attirons d'eux part de nous en premier.

Comme la notion de responsabilité est une notion spirituelle, elle ne s'applique qu'au niveau du ÊTRE. Ainsi, lorsqu'une situation avec quelqu'un nous fait vivre des émotions, il ne faut pas s'arrêter au comportement de la personne, mais plutôt à ce que nous croyons qu'elle EST quand elle agit de cette façon. En d'autres mots, il faut se demander de quoi nous jugeons cette personne d'ÊTRE.

Dans le cas de mes fils et de leur père, je les accusais d'être irresponsables et ingrats envers moi, dans des circonstances différentes. Je n'en revenais pas qu'ils agissent ainsi étant donné tout ce que je faisais pour eux. Ce que l'ego peut être puissant parfois, n'est-ce pas ? Quand je me suis rappelée que les autres sont avec nous ce que nous sommes avec eux, je me suis demandé dans quelles circonstances ils pouvaient me juger d'être ainsi et j'ai immédiatement trouvé la réponse. J'étais irresponsable envers eux, car je voulais les changer : je leur donnais souvent des conseils qu'ils ne m'avaient pas demandés parce que j'espérais que ça les aiderait à devenir des hommes matures et responsables.

En réalité, ils étaient responsables puisqu'ils avaient toujours assumé les conséquences de leurs choix. Quand mes fils avaient besoin d'argent, il était normal qu'ils viennent me voir en premier. Si je disais non, ils trouvaient une autre solution et ne m'en voulaient pas. Ça m'a pris du temps avant de m'en apercevoir. Quand je leur en donnais pour être une bonne maman ou pour ne pas me sentir coupable, j'étais irresponsable, car je me croyais obligée d'assumer les conséquences de leurs choix de vie. Je faisais la même chose avec leur papa.

De leur côté, ils avaient bien des raisons de me juger en plus d'ingrate, car j'organisais toujours mon horaire sans penser à eux nécessairement. Je planifiais des choses à l'extérieur de la maison même si c'était leur anniversaire ou qu'ils avaient besoin de ma présence. Tout ceci m'a aidée à admettre que je ne m'acceptais pas en tant que personne irresponsable et ingrate.

Une fois qu'on a pris conscience qu'on n'accepte pas un de nos comportements, il est important de se donner le droit d'être ainsi parfois, d'avoir des forces et des faiblesses. C'est ce qui fera en sorte que les autres nous accepteront et que personne ne vivra des émotions.

Chaque jour, nous côtoyons des gens qui nous dérangent ou avec qui nous ne sommes pas d'accord. Malheureusement, puisque nous sommes inconscients la plupart du temps, nous ne nous rendons même pas compte que nous sommes contrariés.

Je t'invite à prendre le temps de devenir conscient de chaque moment où tu juges ou critiques une autre personne, donc que tu la culpabilises. Puis, afin de prendre ta responsabilité, qui est le seul remède à la culpabilité, accepte que si tu agissais ou étais comme cette personne tu te sentirais coupable parce que ton ego t'a convaincu que c'est mal d'être ainsi. C'est un moyen très efficace pour inverser le processus et te permettre de te sentir bien au lieu d'être dans la peur, le jugement et la culpabilité.

N'est-ce pas merveilleux de savoir que tout ce que tu as à faire c'est de te demander ce que tu as à apprendre d'une personne ? Cette méthode peut t'épargner plein d'émotions, donc t'aider à conserver ton énergie et à rester jeune. T'aimes-tu assez pour devenir plus responsable ?

L'objectif principal de chacune de nos relations, qu'elles soient familiales, amicales ou amoureuses, est de nous aider à accomplir notre plan de vie. Ceci n'est possible que si nous nous souvenons que nous avons des choses à apprendre de chaque personne.

Les personnes qui se croient responsables du bonheur des gens qui les entourent se mettent beaucoup de pression sur les épaules et la plupart finissent par souffrir d'hypertension. Je me suis d'ailleurs souvent demandé pourquoi je n'en ai jamais souffert malgré le fait que j'ai vécu beaucoup de stress dans ma vie et que j'ai eu énormément de pression sur mes épaules. J'ai éventuellement compris que c'est parce que ça fait longtemps que je sais que je ne suis pas responsable du bonheur des autres. Voilà pourquoi l'hypertension n'est pas une maladie, mais plutôt un manque d'équilibre causé par le manque d'amour de soi. Si tu fais partie de ceux qui souffrent de ce problème, observe ce qui se passera dans ton corps au fur et à mesure que tu deviendras de plus en plus responsable.

Les relations de couple sont un autre bon moyen d'apprendre à être responsable. Les gens qui ont peur de s'engager dans une relation, soit parce qu'ils ne veulent pas revivre des expériences difficiles qu'ils ont vécues auparavant ou qu'ils ne veulent pas avoir le même genre de relation que leurs parents ne sont pas des personnes responsables. En vivant dans le passé, ils choisissent de ne pas prendre leur responsabilité et n'acceptent pas qu'une relation leur permettrait de se découvrir grâce à l'autre. En effet, une relation nous donne la possibilité d'apprendre à connaître des parties de nous-même que nous aimons et d'autres qui sont des manifestations de notre ego.

Il est également important de comprendre que nous ne sommes pas responsables de la santé des autres. Ils ont leur propre plan de vie. Nous ne pouvons donc pas savoir ce qu'ils ont à apprendre dans cette vie-ci. Au lieu de nous inquiéter pour eux au point d'en oublier nos propres besoins et de les aider simplement pour ne pas se sentir coupable, il est préférable de prendre notre propre responsabilité et de les aider à prendre la leur.

On vit toutes sortes d'expériences dans nos vies. Quand on est responsable, c'est plus facile de les vivre. J'en vis une actuellement avec mon conjoint et je suis très heureuse d'avoir appris à être responsable. Je suis avec Jacques depuis 35 ans. Il souffre de dégénérescence des cellules du cerveau et il a dû être placé en résidence il y a six ans. Il a été un compagnon exceptionnel tout au long de notre mariage. Il m'assistait dans tous les voyages que je faisais pour *Écoute Ton Corps.* Nous avons eu le bonheur de vivre une vie de couple idéale à tous les niveaux et nous n'avons aucun regret.

Ceci a fait en sorte que je n'ai pas vécu beaucoup de stress lorsqu'il est tombé malade. Je n'ai aucune idée de ce qu'il a à apprendre avec cette maladie, mais je sais que ce qu'il vit lui appartient. Ma seule responsabilité c'est de devenir consciente de ce que j'ai à apprendre pour moi-même.

Depuis que mon mari est malade, j'ai appris que je devais continuer à écouter mes besoins malgré tout. Ça ne change rien à l'amour que j'ai pour lui. Je dois avouer que j'ai été très surprise lorsque j'ai su qu'il était malade. Je me suis demandé s'il fallait que je diminue mon temps de travail pour m'occuper davantage de lui et j'ai été ambivalente pendant un certain temps, jusqu'au jour où je me suis cassé trois orteils en faisant une chute alors que je donnais des ateliers en Roumanie. À partir de ce moment-là, j'ai su que je me sentais coupable parce que c'est la signification d'un accident. Comme les pieds m'aident à aller dans la bonne direction, j'ai tout de suite compris que mon sentiment de culpabilité avait un lien avec ma décision de rester plus souvent auprès de Jacques ou non. Cet événement m'a permis de réaliser que je voulais continuer à enseigner au lieu de jouer le rôle d'infirmière, ce qui n'est pas un de mes talents.

J'ai fait part de ma décision à Jacques aussitôt que je suis revenue de mon voyage. Je lui ai dit que je souhaitais lui trouver un endroit où il bénéficierait de bons soins, mais que je voulais continuer à enseigner. Il a tout de suite répondu qu'il me comprenait et qu'il était d'accord avec ma décision. Il m'a dit : « Je t'aime trop pour te demander d'arrêter quelque chose qui est si important pour toi. Jamais je n'exigerai que tu te sacrifies pour moi. » Quelle belle preuve d'amour ! Sa réponse m'a permis de confirmer que je m'acceptais dans ma décision et que je ne me sentais plus coupable.

Depuis ce temps, je continue de vivre ma vie personnelle et professionnelle comme avant. Je me permets de partir en vacances avec des amies et je continue de voyager pour *Écoute ton corps*. Je sais que Jacques reçoit de bons soins et il est toujours heureux de me voir aussitôt que je reviens chez moi.

L'autonomie affective et financière

J'ai toujours cru que j'étais une personne autonome. En effet, depuis que je suis toute jeune, je prends des décisions facilement et je fonce continuellement pour réaliser mes projets et atteindre mes objectifs. Avec le temps, quand j'ai appris la bonne définition de ce qu'est une personne autonome, j'ai réalisé que j'étais autonome sur le plan professionnel, mais loin de l'être sur le plan affectif et financier. Être autonome c'est connaître et subvenir à ses besoins. C'est aussi savoir demander de l'aide sans toutefois dépendre d'une personne en particulier pour l'obtenir.

Je ne me suis jamais considérée comme étant une personne indépendante par contre. L'être signifie qu'on ne dépend que de soi-même pour ses besoins, qu'on ne demande rien aux autres ou qu'on refuse leur aide ce qui n'est pas mon cas. J'ai toujours accepté de me faire aider et je considère que ça m'a permis de conserver mon énergie pour manifester mes désirs.

Sur le plan affectif, j'étais dépendante affective lorsque j'étais avec mon premier conjoint puisque je vivais beaucoup d'émotions quand il ne répondait pas à mes attentes. Je voulais qu'il comble mes besoins. Nous avons été mariés pendant 15 ans.

On est dépendant affectif lorsqu'on insiste pour que ce soit notre partenaire qui acquiesce à nos demandes parce qu'on croit, à tort, que c'est une preuve d'amour. Ce besoin d'avoir une confirmation qu'on nous aime vient du fait qu'on ne s'aime pas assez. On cherche donc à combler ce manque d'amour à l'extérieur de nous.

Après mon divorce j'ai appris à m'aimer de plus en plus et j'ai eu de moins en moins besoin de preuves d'amour. Je devenais autonome.

Huit ans se sont écoulés entre mon premier et mon deuxième conjoint. Dès le début de ma relation avec Jacques, je portais attention à ma réaction quand il ne disait pas oui à une de mes demandes. Je prenais alors le temps d'assimiler le fait que son refus ne signifiait pas qu'il ne m'aimait pas. Il me disait tout simplement qu'il n'avait pas envie d'accéder à ma demande à ce moment-là ou que c'était au-delà de ses limites.

Nous avons été capables de nous entendre sur plein de choses dès le départ. Après un an de vie commune, il nous était très facile de savoir ce qui nous plaisait ou non. C'est grâce à nos ententes claires et précises et une bonne communication que nous y sommes parvenus. Prenons l'exemple des tâches relatives à l'entretien de la maison : notre entente était que je m'occupais de l'intérieur et il s'occupait des réparations et de l'extérieur de la maison.

Au départ, il oubliait souvent de faire des réparations qui n'étaient pas évidentes à ses yeux comme une poignée de porte qui fonctionnait mal par exemple. Il était beaucoup moins exigeant que moi. Quand ça arrivait, je me disais qu'il fallait qu'il soit aveugle pour ne pas s'en apercevoir. J'ai dû apprendre qu'il n'était pas aussi perfectionniste que moi et que ce genre de chose ne le dérangeait pas. Parfois, il s'en apercevait, mais il se disait qu'il ferait la réparation un autre jour. Il finissait par oublier parce que ce n'était pas vraiment important pour lui.

Un jour nous sommes arrivés à une autre entente : aussitôt que je voyais quelque chose qu'il fallait réparer ou faire, je le notais sur une liste que je posais sur le comptoir à côté du réfrigérateur et qui était intitulée « Pour Jacques ». Il faisait ce qu'il y avait sur cette liste quand il le voulait. Parfois, j'arrivais à la maison et il me disait, en arborant son plus beau sourire, qu'il avait terminé tout ce qu'il y avait sur la liste. Il savait que ça me ferait plaisir.

À d'autres occasions, deux semaines s'écoulaient sans que rien ne soit fait. Je lui demandais alors si c'était parce qu'il ne voulait pas faire ce qui était inscrit sur la liste. S'il me confirmait que c'était le cas, quelqu'un d'autre venait les faire et nous partagions les coûts à parts égales. Je payais la moitié des frais même s'il était responsable de faire les travaux parce que je considérais que j'étais celle qui voulait avoir une maison en parfait état alors qu'il pouvait facilement vivre sans cette perfection. Vivre dans la beauté a toujours été important pour moi alors il me faisait plaisir de participer financièrement.

Nous avons agi ainsi dans tous les domaines de notre vie de couple. Si je demandais à Jacques de venir au cinéma avec moi et qu'il refusait, j'y allais soit seule ou avec quelqu'un d'autre. Si nous étions invités chez des amis et qu'il me disait qu'il n'en avait pas envie, je prenais le temps de vérifier si j'avais plus envie de les visiter ou de demeurer avec Jacques.

Nous avons toujours préféré faire tout ce que nous pouvions faire ensemble. Lorsque ce n'était pas possible, nous étions capables de laisser l'autre faire ce qu'il voulait. C'est ça la vraie autonomie affective ! C'est d'ailleurs une belle preuve d'amour que de ressentir du bonheur en voyant la personne qu'on aime être heureuse parce qu'elle écoute ses propres besoins.

Il m'est souvent arrivé de vouloir partir en voyage d'affaires seule que ce soit pour donner des ateliers ou des formations. Le fait que je voulais être seule ne signifiait pas que je n'aimais pas voyager avec lui ou que je ne l'aimais pas. Ça me permettait simplement de bien absorber ce que j'apprenais de nouveau et d'être seule pour faire mon travail de conscientisation. Par contre, nous voulions toujours être ensemble quand on voyageait pour le plaisir. Cela dit, le fait qu'il acceptait ma décision de voyager par moi-même malgré le fait qu'il n'aimait pas être seul me permettait de confirmer que je ne me sentais pas coupable.

S'il avait refusé que je parte seule ou m'avait culpabilisée, j'aurais su que je me sentais moi-même coupable, ce qui aurait voulu dire que j'étais dépendante affective parce que je me serais sentie responsable de son bonheur.

J'ai vécu beaucoup d'émotions pendant ma première relation parce que je demandais des choses constamment. Je donnais même des ordres à mon conjoint. Quand les choses n'étaient pas faites comme et quand je le voulais, je me fâchais. Je voulais tout contrôler parce que je souffrais de la blessure de trahison. Je ne pouvais pas comprendre qu'il disait sans cesse qu'il m'aimait et qu'en même temps, il refuse de me faire plaisir.

Les deux conjoints que j'ai eus n'étaient pas paresseux. Par contre, ils avaient de la difficulté à accomplir des choses qui ne les motivaient pas et, surtout, à les faire seuls. J'ai dû accepter qu'ils n'étaient pas comme moi qui voulais toujours que tout soit fait au fur et à mesure pour éviter que le travail ne s'accumule.

Les nouveaux comportements que j'adoptais avec Jacques m'aidaient à guérir mes blessures même si je n'étais pas consciente que j'en avais. Ce n'est qu'environ 10 ans après que j'aie connu Jacques que j'ai découvert que nous avions tous des blessures. Toutes les connaissances que j'ai acquises à ce sujet depuis ce temps m'ont aidée dans toutes mes relations. Connaître ce que sont les blessures permet de faire des prises de conscience qui accélèrent les changements bénéfiques dans nos vies. Si j'avais compris l'impact que l'ego et les blessures ont sur nos relations lorsque j'étais avec mon premier conjoint, nous aurions vécu quelque chose de très différent.

Nos blessures nous font vivre plein d'émotions, de la colère et de la culpabilité qui grugent notre énergie quotidiennement. Cette attitude use notre corps plus rapidement puisqu'il doit constamment puiser dans ses réserves d'énergie.

Certaines personnes sont fières d'être indépendantes et de dire à qui veut bien l'entendre qu'elles n'ont besoin de personne. Par contre, elles sont souvent seules. Il a été prouvé que les gens qui n'entretiennent pas de relations avec les autres vieillissent plus vite.

Il est donc très important d'avoir une vie sociale assez active et d'avoir au moins trois personnes dans notre entourage que nous avons envie de fréquenter et d'inviter chez soi. Avoir des contacts humains n'inclut pas ceux qui se font par l'intermédiaire des textos ou des courriels qui sont surtout utiles pour échanger de l'information. Ce sont les rencontres en personne qui nous permettent de parler de ce que nous vivons, de nos projets, de nos inquiétudes, de ressentir les sentiments de l'autre et vice versa.

Je me demande souvent ce qui arrivera aux jeunes qui n'apprennent pas à communiquer. De nos jours, ils se parlent via la messagerie texte. Il y a même des parents qui parlent à leurs enfants de cette façon. D'ailleurs, je vois souvent des familles au restaurant qui mangent avec leur téléphone près d'eux ou dans leurs mains. Ils s'échangent même des trucs par texto pendant le repas pour rigoler, mais ils ne se parlent pas.

Abordons maintenant le sujet de l'autonomie financière qui est tout aussi importante que l'autonomie affective dans une vie de couple parce qu'elle permet d'éviter de nombreux soucis et des émotions à chacun des partenaires. Lors de mon premier mariage, je croyais que j'étais autonome, car je travaillais, je gagnais un bon salaire et j'avais de l'argent pour mes dépenses personnelles. Cela dit, je ne l'étais pas puisque, malgré le fait que je m'occupais du budget, je critiquais toujours mon mari pour son manque de jugement au sujet des dépenses. Je voulais le contrôler donc je n'étais pas autonome. En effet, lorsqu'on veut contrôler quelqu'un ou quelque chose, c'est que nous sommes dépendants.

Quand j'ai débuté ma relation avec Jacques, je savais que je ne voulais pas revivre les mêmes émotions qu'avec mon ex-mari. Je voulais vraiment apprendre à être autonome affectivement et financièrement. C'est d'ailleurs ce qui m'a incitée à épouser Jacques. Mes proches ne comprenaient pas pourquoi je voulais me marier. Je leur ai expliqué que, pour moi, un contrat de mariage signifiait que je m'engageais non seulement à tout partager avec mon partenaire de vie, mais aussi à apprendre le plus possible sur moi-même pour continuer mon développement personnel avec lui.

Après avoir expliqué ceci à mes proches, j'ai repensé à ce que je leur avais dit et je me suis dit que TOUT partager incluait aussi mes revenus. Je voulais que nous soyons des partenaires à tous les niveaux. Si j'avais eu un partenaire d'affaires, j'aurais trouvé normal de séparer les tâches, les dépenses et les revenus à parts égales. C'était le seul moyen pour qu'un partenariat fonctionne. Alors pourquoi ne pas appliquer ce principe dans ma relation de couple ?

Puisque j'avais des revenus plus élevés que ceux de mon conjoint, il a fallu que cette décision vienne de moi. Je ne voulais plus que l'argent soit une cause constante de malentendus entre mon partenaire et moi comme c'était le cas dans ma première relation.

Afin que l'argent soit distribué à parts égales entre nous, j'ai d'abord calculé toutes les dépenses fixes pour l'entretien de notre maison que j'ai soustraites du total de nos revenus combinés. Le montant qui restait était divisé en deux. À la fin de chaque semaine, nous calculions ce que nous avions payé chacun de notre côté pour des dépenses supplémentaires (nourriture, réparations, achats pour la maison, etc.) et nous faisions nos comptes ainsi.

Si l'un de nous ne voulait pas faire ses tâches, nous étions chacun responsable de payer quelqu'un d'autre pour les faire. Par exemple, je payais la femme de ménage puisqu'elle faisait une bonne partie de ce que je m'étais engagée à faire. Jacques faisait la même chose s'il ne voulait pas faire une réparation par exemple. De plus, comme nous étions une famille reconstituée, chacun payait ce qu'il voulait pour aider ses enfants, leur acheter des cadeaux, etc. C'est d'ailleurs souvent un sujet de dispute au sein des familles reconstituées parce qu'il y en a généralement un qui veut gâter ses enfants plus que l'autre. Je suis convaincue que la façon dont Jacques et moi avons géré nos finances nous a évité des situations problématiques puisque nous ne nous sommes jamais disputés à ce sujet, et ce, depuis 35 ans.

Quand nous allions au restaurant, chacun payait sa facture sauf si l'un de nous souhaitait payer pour l'autre. Une autre chose que nous faisions c'était de partager l'argent supplémentaire que nous recevions parfois. Nous nous amusions beaucoup à nous faire des surprises en donnant à l'autre un montant inattendu. Il arrivait même que nous avions chacun un montant à partager avec l'autre la même journée. Chaque fois nous éprouvions beaucoup de bonheur à donner.

Je suis très heureuse d'avoir pris la décision de tout partager financièrement avec Jacques puisque ça m'a permis d'apprendre à être généreuse. Je ne l'étais pas avant. J'étais très rigide et il fallait que tout soit juste. Je ne pouvais même pas imaginer partager mon revenu avec quelqu'un d'autre. Je considérais qu'il m'appartenait puisque j'avais travaillé pour le gagner.

Quand j'ai commencé à être sur le marché du travail, je croyais que je serais mieux payée si je travaillais beaucoup, car c'est ce que j'avais appris de mes parents. Quand je suis partie de mon village natal pour aller vivre à Montréal, mon objectif était d'avoir un meilleur salaire. À 17 ans, je travaillais dans un bureau d'avocats en tant que secrétaire. Je faisais des heures supplémentaires au moins trois soirs par semaine. Je gagnais donc plus que la plupart des secrétaires. Mon salaire était aussi très bon lorsque je travaillais dans le domaine de la vente puisque j'étais payée à commission.

Par contre, quand j'ai fondé *Écoute Ton Corps*, mes revenus n'étaient pas proportionnels au nombre d'heures que je travaillais. J'investissais tout mon temps dans mon école. Je travaillais sept jours et sept soirs par semaine, mais je gagnais très peu d'argent. Je ne comprenais pas ce qui m'arrivait et je vivais beaucoup d'insécurité. Cette expérience m'a beaucoup aidée à changer mes croyances au sujet de l'argent et c'est à ce moment que j'ai commencé à développer l'état de prospérité plutôt que de croire à l'abondance. Je raconte cette période de ma vie dans mon autobiographie.

Aujourd'hui, je sais que plus je donne sans avoir d'attentes et que je suis généreuse, plus je reçois des cadeaux. VIVE LA GÉNÉROSITÉ ! Elle nous permet d'avoir confiance dans notre pouvoir de nous faire arriver tout ce dont nous avons besoin. C'est ça être prospère. Une personne peut vivre dans l'abondance — avoir plus de biens et d'argent que ce dont elle a besoin — sans être prospère. Elle a donc souvent peur de manquer et de perdre.

Avec le temps, j'ai aussi découvert qu'il y a un lien entre notre attitude face à l'argent et notre sexualité. Les prises de conscience que j'ai faites à ce sujet m'ont permis d'être comblée sexuellement avec mon deuxième conjoint alors que j'ai vécu plein d'émotions tant au plan sexuel que monétaire avec le premier. Tu peux vérifier ce que j'affirme en portant attention aux mots que tu utilises pour décrire ton attitude face à l'argent. Je suis certaine que ce sera représentatif de ce qui se passe dans ta vie sexuelle.

Le fait d'avoir diminué les émotions, les peurs et les culpabilités dans les domaines que je viens de mentionner est une autre source de regain d'énergie.

Le perfectionnisme

Mes deux blessures les plus importantes sont celles de la trahison et de l'injustice. Tous les changements que j'ai effectués pour être moins contrôlante dans ma relation de couple m'ont aidée à grandement diminuer ma blessure de trahison. D'ailleurs, mon tour de hanches a aussi diminué avec le temps.

Je continue par contre à travailler sur ma blessure d'injustice en étant plus consciente de mon côté perfectionniste. Avant j'étais une perfectionniste idéaliste. Aujourd'hui je suis de plus en plus une perfectionniste réaliste. Plus notre blessure d'injustice est profonde, plus on recherche un idéal. Savais-tu que l'antonyme du mot idéal c'est le mot réalité ? Ce fut une révélation pour moi d'apprendre ça. Ça m'a permis de me rendre compte que je n'étais pas réaliste dans mes exigences envers moi-même et les autres, et ce, depuis que j'étais toute jeune.

C'est dans mon rôle de mère que j'ai été la plus exigeante envers moi-même. Je voulais toujours être juste, mais j'étais souvent injuste aux yeux des autres. J'ai fait de beaux progrès à ce sujet et j'en suis très heureuse puisque c'était une grande source de stress pour moi.

La plupart des gens ont peur d'être de mauvais parents. Si tu es un parent et que tu as cette peur, sache que le simple fait d'en prendre conscience, de te donner le droit d'avoir cette peur pour le moment et de décider d'agir différemment te permettra de conserver ton énergie plutôt que la perdre à avoir peur et de vivre de la culpabilité.

Voici un exemple d'une situation où j'ai voulu être une maman parfaite et juste. Un jour, mon fils aîné m'a appelée alors que j'étais en tournée en France pour me demander s'il pouvait avoir son cadeau de Noël à l'avance, car il avait besoin d'un nouvel ordinateur qui coûtait 1,500 $. Nous étions en novembre. J'ai accepté. Le lendemain, pour être juste, j'ai appelé mon autre fils pour lui dire qu'il recevrait le même montant. Il a cinq garçons et cette période de l'année est toujours difficile pour lui financièrement. Il était donc très heureux d'apprendre qu'il aurait ce montant dès mon retour au Québec.

Peu de temps après, j'ai ressenti un malaise. J'ai pris le temps de vérifier ce qui se passait à l'intérieur de moi et j'ai réalisé que j'avais écouté mon ego qui me disait que je devais agir ainsi pour être une maman juste. Je n'avais pas écouté mon cœur. J'ai aussi pris conscience que j'avais toujours agi ainsi : la valeur des cadeaux que je donnais à mes enfants ainsi que le nombre devaient être les mêmes en tout temps pour chacun d'entre eux. Je ne voulais tellement pas qu'ils pensent que j'aimais l'un plus que l'autre. Si j'achetais un cadeau à un de mes enfants alors que j'étais en voyage, je m'obligeais à en acheter un aux deux autres. J'ai fait la même chose pour mes petits-fils. Je me mettais beaucoup de pression sur les épaules à ce sujet. Comme ces cadeaux étaient achetés pour ne pas me sentir coupable et non par amour, ils n'étaient pas vraiment appréciés. Je ne parlais pas de ce que je vivais intérieurement aux enfants, mais je suis certaine qu'ils le ressentaient puisque je revoyais rarement ces cadeaux par la suite. Par contre, je revoyais souvent ceux que j'avais achetés en écoutant mon cœur.

Revenons à l'exemple de l'achat d'un ordinateur pour mon fils aîné. Quand j'ai compris que j'avais écouté mon ego en appelant mon deuxième fils, j'ai décidé que je voulais écouter mon cœur et utiliser cette situation pour passer à l'action. J'ai donc rappelé mon second fils pour me désengager de ce que je lui avais dit la veille. Je dois avouer que ce fut très difficile pour moi de faire ça. Mon cœur de mère faisait mal. C'est grâce à mon courage et à ma volonté de diminuer l'emprise que ma blessure d'injustice avait sur moi dans cette situation que j'ai réussi à passer à l'action. J'ai aussi compris que je souffrais de la blessure de rejet.

Quand j'ai parlé avec lui, j'ai pris le temps de lui expliquer que je voulais diminuer mes blessures, que je ne voulais pas laisser mon ego diriger ma vie en ayant peur de blesser les autres, que je ne voulais pas me sentir coupable d'être une mère injuste et imparfaite, que je voulais écouter mon cœur. Puis, je lui ai dit d'oublier ce que je lui avais dit la veille et que je déciderais en temps et lieu ce que je lui donnerais à Noël. Ouf ! Je me suis sentie tellement soulagée et fière de moi d'avoir pu faire face à mon ego ainsi.

Quand je lui ai demandé comment il se sentait par rapport à ma décision, il m'a dit qu'il était très à l'aise avec celle-ci, que c'était mon argent après tout. Il m'a expliqué qu'il avait été évidemment content de mon offre, mais qu'il n'avait rien perdu puisqu'il n'avait pas eu cet argent entre ses mains. J'ai trouvé ses paroles très sages et ça m'a permis de réaliser que je m'acceptais dans ma décision étant donné la facilité avec laquelle il l'avait accueillie.

Mon ego a toujours cherché à me contrôler à travers ma blessure d'injustice. Je sais que je devrai demeurer très vigilante à ce niveau jusqu'à ce que je quitte ce monde parce que je suis consciente que c'est un aspect important du cheminement de mon âme dans cette vie-ci. De plus, je sais que la blessure de rejet est souvent très bien cachée derrière celle d'injustice. Je la découvre donc de plus en plus chaque fois que je travaille sur celle d'injustice. Dans l'exemple précédent, comme j'ai vécu cette expérience difficilement et intensivement, j'ai compris que ma peur d'être rejetée par mes enfants a toujours été présente.

Une des façons qui me permet de vérifier si mes blessures ont diminué, c'est de constater les changements au niveau de mon corps. Ainsi, si je me fais dire que j'ai le corps d'une femme beaucoup plus jeune, je sais que j'ai réussi à guérir un peu plus mes blessures. Si mon médecin me confirme que ma masse osseuse a augmenté, je sais que ma blessure du rejet est moins grande. Tu as certainement remarqué que la masse osseuse de bien des gens diminue en prenant de l'âge. La médecine appelle cela de l'ostéoporose, mais en métaphysique, c'est la blessure de rejet qui prend plus d'importance. Voilà une bonne raison de travailler sur nos blessures.

Souviens-toi que le corps physique n'est que le reflet de ce qui se passe en toi aux niveaux émotionnel et mental. Donc, au fur et à mesure que tu travailles ou non sur tes blessures, ton corps se transforme.

Les blessures d'abandon et de rejet sont souvent cachées derrière celles de trahison et d'injustice parce que ce sont les plus douloureuses et les plus difficiles à guérir. Elles sont vécues intérieurement, car nous sommes portés à faire du déni face à ces deux blessures, alors qu'on extériorise habituellement les blessures de trahison et d'injustice par la colère et les accusations.

Elles sont donc plus faciles à détecter. Cela dit, chaque fois qu'on travaille sur une blessure ça a un impact sur les autres.

Les blessures de rejet et d'abandon sont celles qui font vieillir le corps plus rapidement. Celle de rejet diminue les capacités du corps physique alors que celle d'abandon fait en sorte qu'il perd du tonus et devient plus flasque autant intérieurement qu'extérieurement. Ce sont les deux blessures qui nous indiquent à quel point nous manquons d'amour pour nous-même. Si tu souffres de ces blessures, sache que plus tu apprendras à t'aimer et à t'accepter, plus ton corps restera jeune même s'il prend de l'âge.

Je serai toujours une perfectionniste autant sur le plan personnel que professionnel. Par contre, ma recherche de perfection est de plus en plus basée sur mon amour de la beauté, la santé et l'intelligence plutôt que sur les peurs de mon ego. Si tu es perfectionniste, vérifie si tu es motivé par une peur quelconque ou par ce qui te fait plaisir lorsque tu fais quelque chose et que tu veux que ce soit le mieux fait possible.

En ce qui me concerne, je range toujours tout au fur et à mesure. Je ne fais pas ça parce que j'ai peur de ce que les autres diraient si ce n'était pas ordonné chez moi. Je le fais pour mon plaisir personnel. J'aime être entourée de beauté et lorsque tout est propre et ordonné, je vois de la beauté, que ce soit au niveau de ma maison, de mon auto, de mes tiroirs ou de mes papiers. De plus, je n'ai pas la patience pour chercher quelque chose. Le fait d'être organisée m'évite des frustrations. Je fais donc tout ça pour mon bonheur personnel.

C'est une excellente habitude de prendre quelques secondes pour vérifier sur quoi on base nos décisions peu importe le domaine. Dès que tu sais que tu as peur de quelque chose, tu peux être assuré que c'est ton ego qui a pris la décision. Les plus grandes peurs sont celles de ne pas être aimé, d'être coupable et de l'inconnu, et de passer à l'action. Je peux te garantir que cette habitude changera ta vie pour le mieux et plus rapidement que tu ne peux l'imaginer.

Si tu ne prends pas le temps de comprendre pourquoi tu es perfectionniste, tu pourrais éventuellement développer un trouble obsessionnel compulsif (TOC). Si tu n'as jamais de temps pour toi parce que tu es toujours en train de placer, nettoyer, faire des listes et que tu entretiens plusieurs manies, sache que c'est surtout ta blessure de rejet qui prend de la place.

Parfois, ça aide de vérifier auprès de nos proches s'ils considèrent que nous sommes trop perfectionnistes. Si tu te reconnais en tant que perfectionniste idéaliste, je te suggère de vérifier plusieurs fois par jour si ce que tu planifies faire est VRAIMENT nécessaire.

Le plus grand problème de l'humanité est le manque de conscience. Malheureusement, c'est quelque chose que nous ne pouvons pas acheter et que nous ne pouvons trouver qu'à l'intérieur de nous-même. Toi seul peux décider d'ouvrir ta conscience et d'adopter de nouveaux comportements qui te libéreront de ton stress. Ça prend beaucoup d'humilité pour être capable d'avouer que nous avons laissé notre ego contrôler la majorité de notre vie.

Le respect

Un autre domaine qui nous fait vivre beaucoup d'émotions, c'est celui du respect. Nous en vivons lorsque nous ne nous sentons pas respecté ou lorsque quelqu'un nous accuse de ne pas le respecter. Mais qu'est-ce que le respect ? La plupart des gens le confondent avec l'obéissance. Nous obéissons souvent aux personnes qui ont plus de connaissances que nous ou qui ont un rôle d'autorité par rapport à nous.

Cela dit, il est très important de se souvenir que nous ne pouvons jamais récolter autre chose que ce qui se dégage de nous. Ainsi, si tu ne te respectes pas, tu ne peux pas être respecté et respecter les autres parce que tu agis de la même manière avec toi-même qu'avec les autres. C'est le triangle de la vie. Nous devrions nous en rappeler le plus souvent possible.

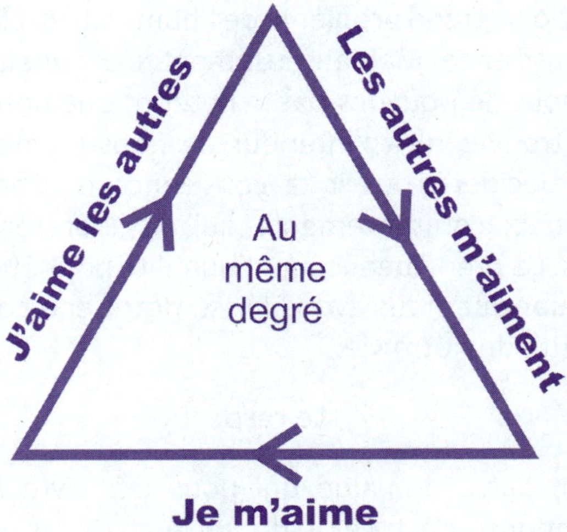

Le respect de soi, c'est être soi-même et écouter ses besoins même si les autres ne sont pas d'accord. C'est respecter et faire respecter notre espace vital.

Quand j'ai compris la définition du mot « respect », j'ai réalisé que je ne me respectais pas et, par conséquent, que je ne respectais pas mes proches. Je me plaignais sans cesse qu'ils me manquaient de respect quand ils ne voulaient pas adhérer à ma façon de penser et de vivre. J'étais tellement convaincue que ma façon était meilleure que la leur et que ce n'était pas intelligent de leur part de ne pas être d'accord avec moi. Je n'écoutais rien d'autre que mon ego !

Au fur et à mesure que j'apprenais des notions en lien avec l'amour véritable, je faisais une prise de conscience après l'autre et j'étais ébranlée. Je dois avouer que ce ne fut pas facile de mettre ces notions en pratique. Aujourd'hui, je sais que c'était mon ego qui trouvait ça difficile. Heureusement que j'ai persévéré, car peu à peu je me suis rendu compte que toutes ces notions spirituelles rééquilibraient ma vie.

Chaque fois que tu n'es pas d'accord avec une autre personne, mais que tu acceptes son opinion au lieu de vouloir la changer, que tu lâches prise, ça signifie que tu la respectes. C'est la même chose quand tu veux agir d'une certaine façon, mais que quelqu'un dans ton entourage n'est pas d'accord avec toi : tu te sens respecté. Tu te respectes quand tu te donnes le droit d'aller vers ce que tu veux malgré l'opinion de l'autre.

En agissant ainsi tu écoutes ton cœur plutôt que ton ego. Tu te donnes donc de l'amour ce qui fait diminuer tes blessures. Plus tu te respecteras, plus les autres te respecteront.

Tout ce qui a été dit jusqu'à présent met en lumière le fait que la plupart d'entre nous vivent beaucoup d'émotions et du stress régulièrement ce qui nous fait vieillir plus vite. Pour ralentir notre vieillissement, il est important de diminuer le stress et les émotions dans nos vies en changeant nos croyances puisque celles-ci nous grugent de l'énergie.

Chaque fois que nous décidons de nous respecter davantage dans ce que nous sommes à chaque instant, nous récupérons l'énergie que nous avons dépensée en écoutant notre ego et nous nous branchons sur l'énergie de l'amour. Par conséquent, nous sommes centrés et branchés à l'énergie cosmique et tellurique, et notre énergie demeure stable tant et aussi longtemps que nous ne retombons pas sous l'emprise de l'ego.

Si tu ne te sens pas respecté par les gens qui t'entourent, tu sais alors que tu ne les respectes pas au même degré. Il t'arrive certainement de vivre des situations où il est facile pour toi de devenir conscient d'avoir manqué de respect envers quelqu'un, mais si tu prends le temps de faire cet exercice tu verras que ça arrive beaucoup plus souvent que tu ne le penses.

Une autre façon de faire est de dire à tes proches que tu as décidé de devenir une personne plus respectueuse et que, pour y arriver, tu as besoin qu'ils partagent avec toi les moments où ils t'ont jugé d'avoir manqué de respect à leur égard. Si tu essaies de te justifier lorsqu'ils te donnent des exemples en leur disant que tu ne voulais pas leur manquer de respect, sache que c'est ton ego qui résiste. Afin de demeurer centré, il est important de simplement écouter et noter ce qu'ils disent.

Ensuite, donne-toi le droit de sembler irrespectueux à leurs yeux tout comme tu crois qu'ils sont parfois irrespectueux envers toi.

Le déni et la communication

J'ai placé ces deux sujets ensemble parce que lorsque nous sommes dans le déni, c'est souvent un signe qu'on ne communique pas véritablement avec soi et les autres. De plus, être dans le déni signifie qu'on a peur d'être rejeté ou de rejeter une autre personne. Le plus grand tort que le déni nous fait est de nous empêcher de ressentir ce qui fait en sorte que toute conversation en relation avec l'objet de notre déni reste sur le plan mental.

Ça m'a pris beaucoup de temps à découvrir à quel point je faisais du déni vis-à-vis moi-même et les autres. Quand on refuse d'être conscient par rapport à soi-même et aux autres, on ne peut pas en discuter.

L'autre jour je parlais avec une dame qui a un problème avec son conjoint. Quand je lui ai demandé comment elle se sentait, elle m'a tout de suite répondu qu'il ne l'écoutait pas, qu'il lui tapait sur les nerfs et qu'il la mettait en colère. Je lui ai mentionné qu'elle me décrivait la situation, mais qu'elle ne me disait pas ce qu'elle sentait. Elle a pris le temps de réfléchir et elle m'a dit qu'elle se sentait rejetée, mais qu'elle n'arrivait pas à identifier ses autres sentiments. Je l'ai aidée et elle a fini par dire qu'elle se sentait aussi démunie, désemparée, triste, incomprise et agressive.

Ce n'est qu'en sachant ce qu'elle ressent qu'elle pourra communiquer véritablement avec son conjoint. En effet, elle pourra lui demander s'il se sent ainsi avec elle. Échanger de cette façon est beaucoup plus enrichissant que de vouloir se changer l'un et l'autre. La plupart des couples vivent ce genre de situation.

Cela dit, il est possible que son conjoint ne veuille pas partager ce qu'il ressent. Si c'est le cas, il sera très important qu'elle accepte le fait qu'il ne soit pas prêt à s'exprimer et qu'elle lui dise qu'elle sera disponible lorsqu'il le sera. Ce n'est pas grave si ça prend un certain temps avant qu'il décide de partager à son tour. L'important c'est d'avoir ouvert la porte à la vraie communication et que les deux fassent des prises de conscience. Éventuellement, ils pourront en reparler.

Je vivais sans cesse ce genre de situation avec mon premier conjoint. Un jour, je me suis dit qu'il ne voulait rien comprendre et que je serais plus heureuse sans lui. Mon ego avait encore pris le dessus !

Quand j'ai décidé de me séparer de lui, je croyais sincèrement que mes problèmes seraient réglés et que je serais enfin heureuse. Ce ne fut pas le cas. Je continuais à vivre des émotions quand nous nous voyions ou que nous échangions à propos de nos enfants. J'en vivais aussi quand mes deux fils agissaient comme lui. Je voulais les changer autant que je voulais changer leur père.

Afin de bien communiquer, il est très important que ce que tu veux partager soit clair. Si tu t'attends à ce que l'autre devine ce que tu veux vraiment dire ou demander, tu ne seras jamais satisfait. Tu vivras alors des émotions, de la colère, de la culpabilité et tu perdras de l'énergie. C'est ce que je vivais avec mon premier conjoint. Comme je lui avais fait part de ce que j'aimais et n'aimais pas, j'avais décidé qu'il devait s'en souvenir et, s'il m'aimait véritablement, faire tout ce qu'il pouvait faire pour me rendre heureuse.

Un autre aspect important de la communication c'est d'être conscient que les gens avec qui tu partages ou à qui tu demandes quelque chose ne sont pas obligés de partager avec toi ou d'accéder à ta demande. Il est important de respecter leur décision. D'ailleurs, il est préférable de vérifier avec eux s'ils sont d'accord de prendre un moment avec toi pour t'écouter. Habituellement les gens sont plus à l'écoute quand on les approche ainsi.

À l'inverse, quand une personne veut te parler et que tu acceptes de l'écouter, prends le temps de poser des questions pour clarifier ce qu'elle veut dire, comprendre comment elle se sent, savoir ce qu'elle veut et pourquoi. L'autre personne doit sentir en tout temps qu'elle est respectée et entendue lors de son partage. Si elle te fait une demande à laquelle tu ne peux pas accéder, sois vrai avec elle. Combien de fois interprétons-nous ce que l'autre dit à notre façon ! La mauvaise communication vient souvent de la mauvaise écoute. Nous écoutons trop ce que notre ego dit pendant que l'autre parle. Il est donc important de prendre le temps de vérifier si on a bien compris ce que l'autre vient de dire.

La réaction de l'autre personne t'indiquera si tu l'as écoutée avec ton cœur ou avec ton ego. Souviens-toi que les autres sont toujours le reflet de ce qui se passe en toi. Si la personne avec qui tu partages n'est pas contente, si elle ne se sent pas écoutée ou qu'elle t'accuse de quelque chose, tu sauras qu'elle est influencée par son ego et que tu l'es aussi. Aussitôt qu'il y a un malaise quelconque, c'est que l'ego est présent.

Si tu vis une telle situation et que tu réalises que c'est votre ego qui parle, prends le temps de le dire à l'autre. Demande à cette personne si elle d'accord avec le fait que vous êtes en désaccord pour le moment et si elle veut essayer à nouveau de partager ce que vous voulez réellement afin que vous puissiez parvenir à une entente. Il se peut que la conversation soit remise à plus tard si l'un d'entre vous n'est pas prêt à admettre que c'est son ego qui est en train de parler.

Les gens ont souvent de la difficulté à communiquer quand il s'agit d'un problème familial. Ça me fait penser à une de mes amies qui me parlait des problèmes de couple de son fils unique. Elle m'expliquait que sa bru était bizarre. Je lui ai alors demandé comment son fils se sentait par rapport à la situation. Elle m'a répondu qu'elle ne le savait pas et qu'elle n'avait même pas pensé à lui demander parce qu'elle ne voulait pas se mêler de ses affaires par respect pour lui.

Si tu te reconnais dans ce genre de situation, je te suggère de vivre l'expérience de simplement demander à la personne qui semble avoir un problème comment elle se sent. Demander à quelqu'un comment il se sent dans une situation quelconque n'a rien à voir avec le respect. C'est plutôt une façon de lui démontrer de l'intérêt. Si la personne ne veut pas parler, il faut accepter son choix et ne pas insister même si nous ne sommes pas d'accord. C'est ça le respect !

Les gens sont habituellement contents de savoir que quelqu'un est prêt à les écouter même s'ils n'ont pas envie de partager. Par contre, ils n'aiment généralement pas se faire faire la morale ou recevoir des conseils qu'ils n'ont pas demandés. L'important c'est qu'ils sachent qu'il y a une oreille compatissante qui les écoutera quand ils seront prêts.

Si tu agis ainsi avec ceux qui te font des partages ou qui te demandent de l'aide, tu verras que c'est beaucoup plus facile et efficace que d'essayer de trouver une solution pour eux.

Apprendre à communiquer véritablement le plus rapidement possible est très important. Il y a tellement de gens de plus de 50 ans qui me disent qu'ils ont de sérieux problèmes de relations familiales et de couple qui durent depuis tellement longtemps qu'ils ne croient même pas que ces problèmes pourront se régler un jour. Alors ils endurent. Il ne faut pas oublier que plus on attend pour adopter un nouveau comportement ou une nouvelle attitude, plus ça demande des efforts et du courage.

Voici quelques-uns des témoignages que j'ai entendus :

- Je ne peux pas sentir ma bru. Elle est tellement froide avec moi que je n'ai plus envie d'inviter mon fils chez moi à cause d'elle.
- Mon fils ne veut plus nous parler depuis que nous avons décidé de ne plus lui donner de l'argent. Ça fait cinq ans de ça. Il a maintenant deux enfants que nous n'avons jamais vus.
- Mon gendre est violent et je suis sans cesse inquiète pour ma fille qui se laisse dominer.
- Mon fils de 35 ans prend de la drogue et il perd toujours ses emplois. Ma femme et moi devons donc l'héberger continuellement ce qui nous exaspère.

- Depuis que mon mari a pris sa retraite, je ne me sens plus libre. Il vérifie toujours ce que je fais et ça m'énerve. Il veut me contrôler comme il contrôlait ses employés.
- Depuis que j'ai des petits-enfants, je dois les garder beaucoup trop souvent. Mon fils ne veut pas que quelqu'un d'autre que moi les garde. Je ne suis pas capable de dire non.

Le problème de toutes ces personnes est qu'elles ne savent pas communiquer. Elles ne prennent pas le temps de vérifier comment elles se sentent et de partager ce qu'elles vivent et ce qu'elles veulent. Elles doivent surtout se donner le droit d'avoir des besoins au lieu d'écouter leur ego qui leur fait vivre de la peur et de la culpabilité.

Il arrive souvent aussi que les gens se plaignent puis disent que la situation n'est pas si pire que ça, qu'il y a des gens qui vivent des situations bien plus difficiles. On dirait qu'ils croient qu'il est mal de vouloir être heureux alors que d'autres ne le sont pas. On voit bien ici la blessure d'injustice et de rejet qui sont à l'œuvre. C'est aussi le rejet qui leur fait faire du déni sur leurs vrais besoins.

Si tu souhaites avoir de belles relations enrichissantes, quel que soit ton âge, prends l'habitude de te demander comment tu te sens et de le demander aux autres le plus souvent possible. Je t'assure que tu en retireras plein d'avantages. Ce n'est pas une habitude qui s'acquiert facilement et rapidement, mais le fait de te pratiquer quelques fois par semaine fera en sorte que tu changeras peu à peu pour le mieux. Je suis certaine que tu ne veux pas devenir aigri en vieillissant comme les personnes que j'ai citées plus haut.

Plus cette habitude sera ancrée en toi, plus tu aideras tes proches également, car la plupart des gens n'ont pas appris à parler de ce qu'ils ressentent, de leurs peurs et de leurs émotions que ce soit avec leurs parents ou à l'école. À la longue tu trouveras plus facilement des réponses quand tu vivras une émotion. Je te suggère aussi de ne pas te limiter à identifier un seul sentiment parce que les sentiments qui sont les plus souffrants sont souvent ceux qui sont le plus enfouis en nous.

En ce qui concerne le déni, il faut généralement être très déterminé pour en devenir conscient et il faut souvent se faire aider par les autres. Si tu veux savoir si tu es dans le déni, sois attentif à tes paroles. Si tu dis souvent des choses comme « Il n'y a pas de problème », « Ça ne me fait rien », « Ça ne me dérange pas », « Tout est parfait », vérifie si ce que tu dis représente la réalité ou si c'est plutôt ce que tu voudrais vivre. Aussi, lorsque quelqu'un te demande comment tu te sens et que tu réponds sans réfléchir, ça signifie que ta réponse vient de ton mental et que tu fais du déni par rapport à ce que tu vis émotionnellement. Prends toujours le temps de vérifier comment tu te sens réellement.

Tu devrais pouvoir nommer trois ou quatre sentiments pour chaque situation que tu vis.

Un jour, je parlais avec une dame qui n'avait pas suivi d'ateliers, mais qui connaissait les enseignements d'*Écoute Ton Corps*. Elle m'a demandé si je trouvais la vie ennuyante parce que je vivais moins d'émotions et que je ne mangeais que ce dont mon corps avait besoin. Puis, elle a ajouté que sa vie manquerait de piquant si elle décidait de vivre ainsi. Je n'ai pas su quoi répondre sur le coup. J'étais tellement surprise de constater à quel point l'ego peut inciter à faire du déni. J'ai fini par lui suggérer de l'essayer avant de décider que c'était ennuyant.

Le déni est toujours derrière notre grande recherche de perfection irréaliste et il est encouragé par notre peur d'être rejeté. Nous ne voulons pas importuner les autres avec nos problèmes parce que nous ne nous trouvons pas assez importants. Nous décidons donc de ne pas en parler.

Certaines personnes sont tellement dans le déni qu'elles sont perçues par les autres comme étant menteuses et incohérentes. Leur capacité d'occulter ce qui est souffrant est si grande qu'elles ont même l'air de perdre la mémoire. Elles sont aussi capables de se faire croire ce qu'elles veulent. Leur façon de voir une situation quelconque est souvent à l'opposé de ce que les autres perçoivent de cette même situation.

Le déni est une cause de nombreuses maladies physiques et psychologiques. Il nous empêche d'écouter nos vrais besoins et cause un grand blocage d'énergie.

Toutes les maladies nous indiquent que nous n'écoutons pas les besoins de notre âme parce que nous ne nous aimons pas assez. Notre corps nous envoie des messages toute notre vie. Si nous ne les écoutons pas, nous finissons par recevoir des messages beaucoup plus importants.

Il y a de plus en plus de personnes âgées qui souffrent de maladies mentales et je suis convaincue que c'est parce qu'elles ont été dans le déni trop souvent au cours de leur vie. En vieillissant, elles fuient dans la démence et vivent dans leur propre monde. Je souhaite vraiment que les gens prennent conscience des répercussions à long terme que le déni pourrait avoir sur leur vie.

J'ai aussi pu constater que l'apparition soudaine d'une maladie importante se manifeste davantage chez les gens qui souffrent d'une blessure de rejet et/ou d'abandon qui a augmenté au fil des années.

Pour certaines personnes, le fait de tout retenir ce qu'elles ressentent intérieurement se traduit par un problème de poids. C'est comme si le corps explosait pour faire de la place à ce trop-plein d'émotions. D'ailleurs, la plupart des gens grossissent du ventre en vieillissant. C'est tellement courant qu'on se fait croire que c'est normal. En fait, ce n'est pas du tout naturel. C'est tout simplement une indication qu'on a accumulé trop d'émotions au fil des ans.

Comme il est difficile de devenir conscient de notre degré de déni, je te suggère de permettre à tes proches de te le dire quand ils se rendent compte que tu en fais. Il se peut que tu ne sois pas toujours d'accord avec eux si tu n'es pas prêt psychologiquement à faire face à la vérité. Donne-toi alors le droit de ne pas être d'accord. Puis, explique à tes proches que tu n'es pas en train de réfuter ce qu'ils disent, mais que tu n'es pas d'accord avec leur façon de voir les choses pour le moment et que tu as besoin d'y réfléchir.

Chapitre six

Vie professionnelle

Bien des gens croient que le travail fait vieillir, mais je ne suis pas d'accord. Ma vie professionnelle a toujours été très active dans cette vie-ci et je ne me sens pas plus vieille pour autant. Ce ne sont pas les conditions de notre vie qui nous usent, mais plutôt notre attitude intérieure et, par conséquent, les actions que nous faisons qui font toute la différence.

Je suis une bâtisseuse de nature et c'est la raison pour laquelle ma vie professionnelle est très importante. Bâtir fait partie de mon plan de vie.

Je suis très active depuis longtemps. J'ai commencé à travailler à l'âge de 15 ans pour payer mes études de secrétaire et à 16 ans je commençais à travailler dans un bureau d'avocats dans le village où je demeurais. À 25 ans, j'ai commencé un emploi comme vendeuse chez Tupperware. J'étais alors mariée et j'avais déjà deux enfants. Deux ans plus tard, à Orlando en Floride, le siège social mondial de la compagnie, j'ai été reconnue comme la gérante de la plus grande équipe de la compagnie en Amérique du Nord. Il y avait plusieurs milliers de personnes à cet événement et j'étais enceinte de 9 mois. Ma fille, Monica – qui est maintenant la présidente-directrice générale d'*Écoute Ton Corps* – allait bientôt voir le jour.

Mes parents ont toujours été actifs et ils étaient heureux. C'était donc normal pour moi d'être ainsi. Je sais qu'ils ont vécu beaucoup de stress. Ils avaient tout de même onze enfants ! Le salaire que gagnait mon père en tant que menuisier ne payait qu'une partie des dépenses de la famille. Ils avaient en plus un commerce qui les tenait très occupés. Ils avaient toujours un budget très serré. Cela dit, nous n'avons jamais manqué de rien. Nous n'avions donc pas l'impression d'être différents des autres même si notre famille était plus grande.

J'ai aussi vécu beaucoup de stress quand je travaillais dans le domaine de la vente, mais mes réussites, ce que j'apprenais et l'argent que je faisais m'apportaient du bonheur et de l'énergie qui compensaient pour le stress que je vivais au travail et dans ma vie personnelle.

Plus tard, quand j'ai fondé *Écoute Ton Corps* et que j'ai rencontré Jacques, mon énergie a continué de croître parce que j'avais pris la décision d'être vraie, d'écouter davantage mes besoins, de me donner le droit d'avoir des limites, de vivre mon moment présent, d'être plus confiante, et d'augmenter ma foi. Voilà d'excellentes décisions pour augmenter la joie de vivre.

Être vrai

Il y a deux façons d'être vrai, que ce soit au niveau personnel ou professionnel. On peut l'être avec soi-même ainsi qu'avec les autres.

Être vrai c'est être cohérent avec soi, c'est agir selon ce que nous disons. C'est prendre le temps de vérifier si nos pensées concordent avec ce que nous faisons ou ressentons.

Disons que j'oublie de communiquer une partie importante de mon enseignement lors d'une conférence et que je me dis par la suite que ce n'est pas grave parce que les gens qui m'écoutaient n'avaient aucune idée de ce que je voulais dire. Mais lorsque je prends le temps de vérifier comment je me sens, je m'aperçois que je me sens coupable au point de ne vouloir en parler à personne, que je m'en veux, que je ne me trouve pas assez parfaite. Je me promets que ça n'arrivera plus. Je prends même le temps de surligner cette partie de la conférence pour ne pas l'oublier la prochaine fois. C'est un bon exemple d'une situation où mes actions et mon ressenti ne concordent pas du tout avec ce que je voulais me faire croire au départ.

Je te suggère de faire cet exercice quotidiennement afin de t'aider à éliminer les émotions que tu refoules au moment où elles arrivent. Donc, chaque fois que tu te parles ou que tu parles aux autres, prends le temps de vérifier si tu es vrai. Tu verras qu'on se fait très souvent croire des choses qui ne sont pas réelles.

Lorsque nous ne sommes pas vrais avec nous-mêmes ou les autres, c'est signe que nous ne nous aimons pas, que nous nous sentons coupables ou que nous avons peur et que notre ego fait tout ce qu'il peut pour que nous demeurions ainsi.

J'ai reçu de nombreux partages de la part de participants aux conférences et ateliers d'*Écoute Ton Corps* disant qu'ils apprécient que les animateurs, les formateurs et moi-même soyons vrais. Ça m'a pris du temps à réaliser que les gens ressentent toujours si une personne est vraie ou non. Ils n'en sont peut-être pas conscients, mais comme ils le savent intuitivement, ceci affecte immanquablement la relation entre deux personnes.

Il arrive parfois que je choisisse consciemment de ne pas être vraie pour une raison spécifique dans une situation quelconque. Je te rappelle que j'ai mentionné au 1er chapitre qu'il est impossible de toujours manifester l'aspect positif de toute attitude, et que s'aimer c'est se donner le droit de parfois être l'opposé, donc dans ce cas, être menteuse. Cependant, si nous choisissons de mentir, il est important de se demander si nous le faisons parce qu'on a peur ou si nous écoutons un besoin que l'on considère essentiel à ce moment-là. Il faut aussi savoir si nous sommes prêt à faire face aux conséquences si notre mensonge est découvert. Si oui, c'est signe que nous nous acceptons.

Cela dit, est-ce qu'omettre de dire la vérité est un mensonge ? Voici un exemple qui tombe dans cette catégorie selon moi. Un jour, j'ai fait une demande de prêt à une banque. Quand l'agent m'a demandé si j'avais des prêts dans d'autres institutions financières, je lui ai dit non même si je devais de l'argent à plusieurs de mes connaissances et que le montant total était assez élevé. J'ai volontairement omis de le lui dire, mais j'ai surtout répondu à sa question. J'étais consciente de ce que je faisais, car mon besoin était d'obtenir ce prêt pour *Écoute Ton Corps* parce que je voulais me bâtir un bon dossier de crédit.

Jusqu'à ce moment, on avait refusé mes demandes de prêt parce que j'étais la propriétaire de ma compagnie. Ma blessure d'injustice était très active car je ne comprenais pas pourquoi mes employés arrivaient à emprunter pour acheter une voiture ou une maison, mais que je ne pouvais pas. Puisque j'ai toujours été déterminée, je revenais à la charge régulièrement en changeant d'institution financière. J'ai réussi à avoir ce que je voulais lorsque j'ai omis de dire que j'avais des dettes personnelles. Par contre j'étais prête à prendre ma responsabilité si jamais on découvrait que j'en avais. Mon besoin a été comblé et c'est tout ce qui m'importait. Dans cette situation, j'aurais menti si le banquier m'avait simplement demandé si j'avais des dettes et que j'avais répondu non.

Aujourd'hui lorsqu'un client me demande si j'ai réussi à faire face à une certaine situation sans me sentir coupable ou avoir peur, je n'hésite plus à dire la vérité. L'ère du Verseau dans laquelle nous vivons actuellement nous pousse à être transparent, à nous montrer sous notre vrai jour au lieu de faire croire aux autres que nous avons tout réglé.

L'ego n'aime pas quand nous sommes vrais, car il est convaincu que nous serons moins aimés si nous admettons nos torts, nos défauts, nos faiblesses. Même si son intention est bonne, ça ne veut pas dire que nous devons l'écouter. Nous pouvons le remercier de vouloir nous aider à sa façon, mais lui dire aussi que nous choisissons de prendre nos propres décisions et que nous ferons face aux conséquences.

Nous gaspillons beaucoup d'énergie quand nous mentons parce que nous ne voulons pas voir une situation telle qu'elle est. Nous en dépensons aussi pour nous souvenir de nos mensonges. Décider d'être vrai aide à récupérer toute cette énergie perdue.

On me demande souvent si être vrai signifie dire tout ce que nous pensons. La réponse est non. Par contre, il faut l'être quand on parle. Disons que quelqu'un te pose une question à laquelle tu ne veux pas répondre parce que tu as peur de dire la vérité. Rien ne t'empêche de dire que tu préfères ne pas répondre pour le moment. Pour ma part, quand je suis dans ce genre de situation et que je crois que l'autre n'aimera pas entendre la vérité, je lui dis exactement ce que je ressens c'est-à-dire que j'aurais préféré ne pas me faire poser cette question puisque je crains que ma réponse ne soit pas bien accueillie. Puis, je demande à la personne si elle souhaite tout de même avoir ma réponse. C'est une bonne façon de la préparer à entendre une vérité qu'elle n'aimera peut-être pas.

À force de te pratiquer à agir ainsi, ce sera de plus en plus facile pour toi d'être vrai autant dans ta vie personnelle que professionnelle et les gens te respecteront davantage même s'ils n'aiment pas ce qu'ils entendent. De plus, tu te sentiras beaucoup mieux vis-à-vis toi-même.

Tu découvriras en plus que le fait d'être vrai avec toi-même t'aidera à être vrai avec les autres et vice versa. Plus tu pratiqueras, plus ça deviendra facile.

Écouter ses besoins

Il fut un temps où j'écoutais mes besoins beaucoup trop rapidement ce qui m'a fait vivre du stress, des peurs et des émotions. Ça m'a pris plusieurs années après avoir créé mon école à en devenir consciente puis à changer mon attitude. J'agissais toujours de la même façon : je pensais à quelque chose que je voulais, je vérifiais si ça faisait bien WOW à l'intérieur de moi, donc si ça m'enthousiasmait, puis je faisais immédiatement les actions pour l'obtenir.

Dans mon autobiographie, je parle des nombreuses décisions que j'ai prises qui m'ont coûté très cher et qui, à la longue, m'ont causé tellement de stress que je devais arrêter ce que j'avais commencé.

J'ai fini par comprendre que je n'étais pas équilibrée dans ma façon d'écouter mes principes masculin et féminin. Ce dernier est celui qui a des désirs, qui ressent du bonheur à les combler alors que le masculin aide à déterminer le meilleur moment ainsi que les moyens à prendre pour les réaliser.

Le fait que je voulais les matérialiser tout de suite signifiait que je n'écoutais pas mon côté masculin.

Voici un exemple de ce que j'ai fait avant de prendre conscience de ceci. En 1986, j'ai trouvé un superbe manoir qui était à vendre. J'ai rapidement pris la décision de l'acheter pour en faire le *Centre Écoute Ton Corps*. Deux ans plus tard, j'ai dû remettre les clés à l'ancien propriétaire en plus d'avoir une très grosse dette à payer.

Après avoir pris le temps de comprendre pourquoi je m'étais attiré cette situation, j'ai décidé de former un comité de gestion avec mes employés et je leur ai promis de ne plus prendre de décision sans avoir l'accord de la majorité d'entre eux. Puis, les choses ont commencé à changer : le comité de gestion représentait mon principe masculin que j'avais enfin appris à écouter davantage.

Atteindre un bon équilibre entre mes principes féminin et masculin m'a pris plusieurs années. Je continue d'avoir des désirs et de vouloir vivre de nouvelles expériences, mais je prends maintenant le temps de vérifier toutes les conséquences possibles et de m'assurer que je suis en mesure d'y faire face. Les progrès que j'ai faits au fil des ans ont fait en sorte que mes projets sont devenus de plus en plus faciles à réaliser et que j'ai vécu de moins en moins de stress et de peurs. Ça a aussi beaucoup changé mes relations avec les hommes aux niveaux personnel et professionnel.

Afin de déterminer si ton désir répond véritablement à un besoin de ton être, vérifie d'abord s'il est basé sur une peur. Demande-toi si tu as peur que quelque chose arrive si tu ne le manifestes pas.

Supposons que tu veuilles quitter ton travail pour démarrer ta propre entreprise dans un domaine que tu aimes beaucoup. En te posant la question précédente, tu réalises que tu as peur d'être traité de lâche par les autres si tu n'oses pas passer à l'action. Ce n'est donc pas un vrai besoin puisque tu as peur de ne pas être aimé, d'être rejeté. C'est une situation qui pourrait te faire passer à l'action trop vite.

Il peut aussi y avoir des peurs si tu oses passer à l'action tout de suite et manifester ton désir. Par exemple, tu pourrais avoir peur de manquer d'argent ou d'être critiqué pour avoir quitté un travail sécurisant. Ton désir répond donc à un besoin, mais ce sont les peurs de ton ego qui t'empêchent d'aller de l'avant.

J'ai réellement compris ce que je viens de décrire après avoir vécu une expérience qui a été une grande leçon de vie pour moi. Peu après avoir commencé à enseigner en France, j'ai décidé d'acheter un hôtel dans les Laurentides au Québec et de le convertir en centre pour les clients d'*Écoute Ton Corps.* Ça faisait cinq ans que j'avais perdu le manoir dont j'ai parlé ci-dessus. J'étais certaine que tout se déroulerait bien puisque le comité de gestion était d'accord et qu'il n'y avait pas eu de problème lors de l'achat.

Tranquillement, mais sûrement j'ai recommencé à m'endetter grandement. Je me suis demandé pourquoi ça m'arrivait encore et j'ai découvert la peur qui m'avait motivée à entreprendre ce projet : j'avais peur que les Français d'abord puis les Européens ne prennent pas mon école au sérieux. Pour les impressionner, ça me prenait un grand centre où les accueillir. Ça a fonctionné, mais à quel prix ?

Le centre allait bien, mais j'y étais de moins en moins présente puisque j'étais davantage en demande en Europe ce qui a affecté la clientèle qui ne voulait y venir que lorsque j'y étais. De plus, il avait besoin de 50 employés pour fonctionner. Les dettes se sont donc rapidement accumulées. J'étais de plus en plus occupée à éteindre des feux, j'étais constamment dans l'action ce qui me laissait peu de temps pour vérifier comment je me sentais.

Un jour, je suis enfin devenue consciente que je ressentais un malaise en permanence. Voilà pourquoi il est super important de prendre le temps de vérifier aussi souvent que possible comment nous nous sentons, que ce soit au travail, avec quelqu'un ou avec une décision en pensant à l'avenir que nous sommes en train de nous créer. Ceci nous permet de devenir conscient des moments où nous n'écoutons pas nos vrais besoins ou que le moyen utilisé pour les réaliser n'est pas le bon.

Comme je savais que les vrais besoins se situent au niveau de l'être, je me suis demandé ce que je voulais vraiment ÊTRE dans ma vie et j'ai tout de suite su la réponse : je voulais être enseignante et non propriétaire d'un grand hôtel. Ça a tout de suite fait WOW à l'intérieur de moi. Ce sentiment est très important parce qu'il m'aide à confirmer si ce « JE VEUX » répond à un besoin essentiel de mon âme, de mon plan de vie.

Si tu as de la difficulté à découvrir ce que tu veux ÊTRE, voici les étapes que je te suggère de faire pour y arriver :

1. Après avoir constaté que tu as un malaise dans une situation quelconque, demande-toi ce que tu voudrais pour toi si toutes les circonstances étaient parfaites, si tu avais l'argent et le talent nécessaires pour réaliser ce que tu veux et si tes proches étaient d'accord; Tu viens de découvrir un désir.

2. Visualise ensuite ce désir comme étant déjà manifesté et vérifie comment tu te sens. Si tu te sens plus créatif, fier de toi ou enthousiaste, tu sauras que c'est ce que tu veux être. Tu découvres ainsi que tu réponds à un vrai besoin de ton être qui correspond à ton plan de vie. C'est comme si ton âme te répondait quand tu te demandes comment la réalisation d'un désir t'aide à te sentir et à être quoi;

3. Il ne te restera qu'à passer à l'action pour atteindre ton objectif sans attendre de savoir si les résultats seront selon tes attentes.

C'est cette dernière étape que j'ai faite dans les jours qui ont suivi ma décision à propos du centre-hôtel. Une grande joie m'envahissait chaque fois que j'avais une idée pour réaliser mon besoin. J'ai pris le temps de noter toutes les étapes que je devais faire pour y parvenir. Le fait de faire ceci en gardant en tête l'objectif final donne beaucoup d'énergie. Il m'est souvent arrivé de dormir très peu lorsque je planifiais activement un projet tellement j'étais heureuse de le voir prendre forme.

Au bout d'une semaine, j'ai annoncé à toute l'équipe que je voulais fermer le centre dans un mois ce qui leur donnait ce temps pour se trouver un autre travail. J'ai gardé 10 employés sur les 50 qui travaillaient au centre. Le mois suivant, lors de la dernière rencontre d'équipe, chacun a partagé son vécu par rapport à la situation et tous, à l'exception d'une personne, avaient réorganisé leur vie. Nous avons eu une belle fête de clôture.

Ce fut un nouveau départ pour mon école qui ne cesse de prospérer depuis ce temps parce que j'ai écouté mon besoin. Grâce aux livres qui sont traduits en 22 langues, nous avons l'occasion d'aller propager l'enseignement d'*Écoute Ton Corps* dans un nouveau pays chaque année. Ça m'a pris deux ans à me libérer de ma dette, mais ce fut beaucoup plus facile que les fois précédentes.

Je te rappelle que tu as le droit d'ÊTRE qui tu veux puisque ce n'est que toi qui décides ce que tu souhaites vivre. Tu n'as de comptes à rendre à personne sauf à toi-même. En effet, toi seul devras assumer les conséquences de ce que tu manifestes dans ta vie. Si tu vis l'expérience d'écouter tes vrais besoins tu seras tellement revigoré que tu voudras la répéter sans cesse.

C'est comme une drogue. C'est un moyen formidable pour conserver ton énergie de jeunesse.

Cela dit, il est important de souligner qu'il est normal d'être inconfortable quand on change une attitude ou un comportement dans notre vie. Il ne faut pas se laisser décourager par les peurs de notre ego. C'est une période d'ajustement qui peut être comparée à l'inconfort vécu quand on utilise un nouveau muscle dans notre corps physique. En effet, un muscle qui est sollicité pour la première fois depuis longtemps finit par s'ajuster à notre demande et il devient fort et solide. Il en est de même pour celui de la détermination.

Afin d'arriver à changer une façon de penser, je te suggère de faire les étapes suivantes :

- une fois que tu sais ce que tu veux, note-le et place cette note où tu pourras la voir souvent et facilement;
- visualise ce que tu vis à l'idée que ce que tu veux est manifesté;
- à la fin de chaque journée, vérifie si tu as fait au moins une action pour réaliser ton besoin;
- quand la peur ou le doute se manifestent, donne le droit à ton ego d'avoir peur et rassure-le en lui disant que tu apprécies qu'il soit concerné à ton sujet, mais que tu es prêt à assumer les conséquences de la réalisation de ton désir;

- remplace tes peurs et tes doutes par des pensées qui t'apportent de la joie lorsque tu t'imagines atteindre ton but.

Plus tu te pratiqueras à faire ceci, plus ce sera facile pour toi de réaliser tes besoins. Chemin faisant, tu en découvriras d'autres que tu as toujours eus, mais dont tu étais inconscient. Les prises de conscience que tu feras feront en sorte que tu auras l'énergie et la force nécessaires pour les manifester.

J'ai toujours eu une grande soif d'apprendre et de vivre de nouvelles expériences. Par contre, je n'ai pas toujours su que cela répondait à un besoin important pour mon âme. Aujourd'hui je suis définitivement plus consciente qu'avant. Je suis toujours très enthousiaste quand j'ai une nouvelle idée pour mon enseignement que je n'ai jamais entendue ou lue ailleurs. Mon être est rempli de bonheur quand j'ai une inspiration soudaine. Je sais aussi quand et comment utiliser ces nouvelles connaissances beaucoup plus facilement. De plus, tout ce que j'apprends de nouveau doit être utile dans ma vie. Donc, en plus de mettre en pratique toutes les suggestions que j'ai faites précédemment, je te suggère de vérifier si ce que tu veux est utile pour toi.

Vivre le moment présent

L'organisation a toujours été le moyen le plus efficace que j'ai utilisé pour vivre mon moment présent. J'en ai parlé dans le chapitre précédent. Je sais que c'est la raison pour laquelle je suis encore capable de travailler de nombreuses heures par semaine ainsi que d'avoir l'envie et l'énergie de le faire. J'ai aussi mentionné que le meilleur outil pour s'organiser est un agenda qu'il est préférable d'utiliser tant pour la vie personnelle que professionnelle.

La plupart du temps je planifie mes engagements professionnels un an à l'avance et quelques mois à l'avance pour les activités personnelles. Les gens sont souvent étonnés de ma façon de procéder. Voici un exemple. Disons qu'on me demande d'aller enseigner au Japon. La journée même je vérifie en moi comment je me sens à l'idée d'y aller l'année suivante. Si ça fait WOW intérieurement, j'accepte tout de suite.

Bien des gens me demandent comment je fais pour savoir que je serai capable de faire ce voyage dans un an. C'est comme si mon corps recevait le message qu'il pourra le faire et il ne me déçoit pas. Le fait qu'il sache à l'avance que j'ai plusieurs voyages, conférences et ateliers de planifiés l'aide à se préparer. Voilà une des raisons pour lesquelles je suis rarement malade.

Ça fait 28 ans que je voyage pour *Écoute Ton Corps* et 50 ans que je planifie mon horaire longtemps d'avance. Je n'ai jamais manqué un seul rendez-vous même si j'avais une laryngite, un rhume ou un malaise quelconque. Je me souviens avoir eu à annuler seulement une fois une semaine de rendez-vous lorsque je travaillais dans le domaine de la vente à cause de la grippe asiatique. Depuis ce temps, le problème physique n'a jamais été assez dérangeant pour m'empêcher de respecter mon engagement. C'est une bonne façon pour moi de vivre mon moment présent.

Je vérifie aussi comment je me sens quand on m'offre ou me demande quelque chose avant d'accepter. Quand une situation m'empêche de garder un engagement, je sais au plus profond de moi que l'Univers me réserve quelque chose de mieux et je n'hésite pas à me désengager.

C'est la même chose concernant l'écriture. On m'a déjà demandé si j'écris seulement quand je suis inspirée pour vivre davantage mon moment présent. En fait, je suis inspirée parce que toutes mes séances d'écriture sont planifiées dans mon agenda, que ce soit pour un atelier, une conférence, des articles dans différentes revues ou un nouveau livre.

C'est comme si j'avisais mon DIEU intérieur de quand j'aurai besoin d'inspiration. Je me prépare ainsi psychologiquement. Quand j'écris, je commence par faire une liste des objectifs puis je structure les différentes étapes du sujet sur lequel je dois rédiger. L'inspiration se manifeste spontanément puisque je suis dans mon moment présent. De plus, comme le contact humain est très précieux pour moi et que je préfère l'enseignement à l'écriture, j'imagine toujours que je parle au lieu d'écrire, ce qui m'inspire davantage.

Tout ce que je note à mon agenda m'aide à demeurer dans mon moment présent parce que j'ai moi-même décidé de faire ce qui y est inscrit, d'où l'importance selon moi de tout noter ce qu'on veut faire dans un seul agenda. Le fait que je sais concilier le travail avec mes loisirs m'apporte encore à ce jour beaucoup de bonheur. En fait, je n'ai pas le sentiment de travailler, mais plutôt d'être occupée. Je sens que je travaille seulement lorsque je fais des choses que j'aime moins ce qui n'arrive que quelques heures par semaine. J'aime donc ce que je fais ce qui me permet d'avoir l'énergie dont j'ai besoin pour tout accomplir.

Je prends toujours le temps de regarder ce qui est noté à mon agenda la veille du jour suivant ce qui me permet de me préparer psychologiquement pendant mon sommeil. Le matin, je regarde ma liste « Non urgent ! À faire quand j'ai du temps libre » et si certaines tâches sont devenues importantes, je les note à mon agenda. Voilà une autre habitude qui aide à vivre notre moment présent.

Si tu te plains de n'avoir jamais de temps pour toi, sache que cette attitude t'empêche de vivre pleinement chaque instant de ta vie. Je crois sincèrement que le fait de tout planifier aide à vivre chaque moment pour soi parce que nous l'avons choisi. N'oublie pas que même si tu crois faire quelque chose pour une autre personne, si tu es honnête avec toi-même, tu réaliseras que tu le fais pour toi d'abord. Il est important de réaliser que nous seul créons notre propre vie.

Beaucoup de gens n'aiment pas entendre qu'ils sont responsables de ce qui se passe dans leur vie, mais c'est toujours le cas qu'ils en soient conscients ou non. L'idée d'une mère monoparentale qui a deux boulots pour subvenir aux besoins de ses trois enfants me vient à l'esprit. Elle ne le réalise peut-être pas, mais c'est elle qui a choisi de vivre seule. Peu importe la raison, c'est son choix. La plupart du temps cette situation fait en sorte que la mère croit qu'elle ne prend du temps pour elle-même que lorsqu'elle s'amuse ou lit un livre. Les semaines et les années sont très longues quand on pense ainsi. Elle a toujours hâte à autre chose et ne peut pas apprécier ce qu'elle est en train de faire. Par contre, si elle considère qu'elle fait tout pour elle, sa vie sera beaucoup plus agréable et elle profitera au maximum de chaque instant.

Un autre exemple me vient à l'esprit. Imaginons que nous sommes gérant d'un magasin et qu'un jour nous devons travailler deux heures supplémentaires à cause d'une urgence. Si nous le faisons pour nous-même et non pour notre patron, que ce soit pour être plus apprécié, avoir un meilleur salaire, ne pas se sentir coupable ou parce nous ne sommes pas capable de dire non, c'est signe que nous faisons les choses pour nous-même. Il est important de réaliser ceci.

Si tu te plains souvent de ne pas avoir assez de temps pour toi, fais une liste de ce que te rapportent tes activités régulières. Les fais-tu par amour pour toi ou par obligation ? Prends le temps de vérifier pourquoi tu as dit oui à quelque chose ou à quelqu'un.

Le stress que nous vivons diminue de beaucoup lorsque nous savons à l'avance ce que nous avons choisi d'accomplir. Évidemment, il y a des imprévus. Mais quand ça arrive, il suffit de noter à nouveau le moment où l'on planifie s'en occuper. Si tout devient urgent, c'est signe que nous devons nous organiser autrement.

J'ai parfois plusieurs imprévus dans la même journée. Quand c'est le cas, je respire et je me dis que j'ai le choix de me sentir dépassée par les événements et de m'énerver ou de vérifier quelles sont mes priorités. Aussitôt que je prends le temps de noter quelles sont les tâches que je veux accomplir par ordre d'importance et d'urgence, je me sens plus détendue. Ceci me permet aussi de réaliser que je peux déléguer certaines tâches et que d'autres ne sont pas aussi urgentes que je l'avais imaginé.

Cela dit, il y a des gens qui ont un travail qui les garde en alerte toute la journée comme ceux qui travaillent à l'urgence dans un hôpital ou qui sont au service à la clientèle dans une grande entreprise. Leur travail fait en sorte qu'ils ne voient pas les journées passer et qu'ils vivent chaque instant en faisant leur possible : ils vivent leur moment présent.

Si tu as un travail stressant, vérifie si tu es vidé de ton énergie à la fin de ta journée de travail et que tu n'as plus envie de faire autre chose. Si c'est le cas, c'est que tu n'étais pas dans ton moment présent, que tu vivais des peurs, de la culpabilité ou de la colère. La prochaine fois que ça t'arrive et que tu en deviendras conscient, je te conseille de prendre quelques instants pour respirer et vérifier comment tu te sens. Ensuite, donne-toi le droit d'avoir ces peurs ou de vivre des émotions durant ta journée de travail. Faire ceci te permettra de retrouver ton énergie et tu pourras ainsi profiter de ton temps en dehors de tes heures de travail.

J'ai mentionné précédemment que j'ai souvent l'impression d'étirer le temps. C'est un phénomène qui me donne beaucoup d'énergie, mais que je ne comprends pas encore. J'en suis consciente par contre.

Il y a des jours où on accomplit tellement de choses qu'on a l'impression d'avoir fait le double de ce qu'on réalise en temps normal. Comment est-ce possible ? Un jour, j'ai appris que l'ère du Verseau fait en sorte que le temps est malléable ou lieu d'être linéaire. Je ne comprenais pas trop ce que ça voulait dire au départ. Aujourd'hui, je sais que j'ai la capacité d'étirer le temps, mais il me reste à découvrir comment j'y arrive. Je prends beaucoup de notes à ce sujet parce que je me suis promis d'enseigner comment étirer le temps un jour.

Ce que je sais pour le moment c'est que ce phénomène ne se produit que les jours où je vis mon instant présent au maximum c'est-à-dire que je n'ai aucune inquiétude et que je sens que c'est tout à fait normal d'accomplir la totalité de ce que j'avais prévu faire cette journée-là. Je crois que la certitude qui m'habite fait toute la différence. De plus, je n'ai jamais besoin de fouiller dans ma mémoire pour savoir ce que j'ai à faire puisque tout est écrit. Si je ne notais pas tout, je n'en ferais même pas la moitié et j'oublierais certainement des choses.

Nous avons la chance aujourd'hui d'avoir un téléphone portable sur lequel nous pouvons enregistrer. Depuis que j'utilise ce moyen, je m'aperçois que c'est encore plus facile de ne rien oublier. Dans toute situation où je ne peux pas noter par écrit ce que je veux me rappeler, je le dicte tout de suite dans mon téléphone. Ça m'a obligée par contre à prendre une nouvelle habitude, celle d'écouter et noter mes enregistrements régulièrement. Si tu acquiers cette bonne habitude, tu verras qu'elle te permettra de conserver beaucoup d'énergie et que tu pourras porter toute ton attention sur ce qui se passe à chaque instant.

Un autre moyen d'être davantage dans le moment présent est de demeurer vigilant par rapport à notre ego. En effet, il a la capacité de détourner notre attention de l'instant que nous vivons même si nous sommes occupés à faire quelque chose que nous aimons.

Comme tu le sais, j'aime beaucoup marcher dehors. Je me sens toujours bien après. Cela dit, un jour, alors que je marchais, j'ai réalisé que je ne vivais pas du tout mon moment présent : je pensais à tous mes soucis professionnels et j'imaginais toutes sortes de choses qui n'étaient même pas arrivées. J'ai également pris conscience que je faisais la même chose lorsque je conduisais. Je me suis alors rendu compte que je ne profitais pas du beau paysage et qu'il m'arrivait même de me demander où j'étais rendue tellement j'étais absorbée par mes pensées. Chaque fois, mon ego avait pris le dessus. Depuis ce temps, aussitôt que je réalise ce qui se passe, j'ai plus de facilité à revenir dans mon moment présent.

Un autre moyen que j'utilise depuis longtemps est celui de la marche méditative. C'est la forme de méditation que je préfère. J'en ai fait régulièrement quand j'ai créé mon école et que j'avais de nombreux soucis financiers et trop de décisions à prendre. C'était mon moyen préféré pour me ramener dans mon instant présent. Méditer en marchant c'est être attentif à la sensation de nos pieds qui touchent le sol, aux odeurs, aux couleurs. C'est garder tous ses sens éveillés tout au long de notre marche. Ce n'est pas du tout comme une marche rapide pour faire de l'exercice.

La méditation, peu importe la forme, est une excellente façon d'apprendre à vivre le moment présent. Elle est recommandée depuis bien longtemps. Méditer c'est observer ce qui se passe dans notre corps et aux alentours sans réagir. C'est ne pas essayer de comprendre ce que nous observons donc de n'avoir aucune activité mentale de compréhension ou d'inquiétude. La plupart des techniques de méditation suggèrent de répéter un mantra (une phrase ou un mot inspirant) afin que nous puissions conserver notre capacité d'observation.

Tu peux être dans un état méditatif plusieurs fois par jour si tu es très absorbé par ce que tu fais et que tu ne vis aucune inquiétude, et ce, même si tu dois beaucoup réfléchir. À titre d'exemple, quand je planifie mon horaire de travail, je pense, j'organise et je réfléchis. C'est un travail qui ne peut être fait que par mon mental. Par contre, si je ne me laisse pas déranger par mon ego je demeure dans mon instant présent.

Dans la vie nous sommes centrés (instant présent) ou décentrés (dans la culpabilité du passé ou la peur de l'avenir). Nous pouvons facilement faire un travail qui demande de la réflexion tout en étant bien centré. D'ailleurs, c'est souvent dans ce genre de situation que je perds la notion du temps et que je le manipule pour répondre à mon besoin.

Je dois utiliser mes facultés mentales, ma mémoire et mon sens de l'organisation pour ne pas perdre de vue mes objectifs quand j'écris un livre. Quand je m'arrête à ma peur de manquer de temps ou que je pense à toutes les autres tâches que j'ai à faire, je me décentre et je suis beaucoup moins productive. Par contre, quand je passe quelques heures à écrire en étant centrée, je suis toujours très surprise par la quantité de travail que j'ai réussi à faire. Aussi, quand je relis un livre après qu'il ait été corrigé par une correctrice, je suis toujours étonnée de ce que j'ai écrit. Il y a souvent de nombreux passages que je ne me souviens même pas d'avoir mis sur papier ce qui me confirme que je vivais mon moment présent.

Comme tu peux voir, tu peux vivre ton moment présent même si tu utilises tes corps physique, émotionnel et mental. Au plan émotionnel, quand tu vérifies comment tu te sens par rapport à une décision que tu souhaites prendre ou à ce qui s'est passé hier, tu es dans ton moment présent.

Un autre facteur important à considérer pour déterminer si tu es dans ton moment présent est ton attitude vis-à-vis ce qui se passe dans ta vie actuelle. Voici des exemples de phrases que j'ai entendues de la part de personnes qui ne sont pas dans leur moment présent : elles passent leur temps à rêver à des choses qu'elles croient impossibles à réaliser, car elles ne prennent pas leur responsabilité.

- Si j'avais plus de talent ou d'argent, je pourrais être fier de moi.
- Si j'avais un autre poste au travail, ce serait plus agréable de venir travailler ici.
- Si j'avais du succès, je serais plus motivé.
- Si j'avais plus de courage, je pourrais lancer ma petite entreprise dont je rêve depuis longtemps.
- Si j'avais un partenaire, tout irait mieux.
- Si seulement mes parents m'avaient forcé à faire de plus longues études, ma vie serait beaucoup mieux aujourd'hui.

Elles attendent toutes que l'aide vienne de l'extérieur et ignorent tout le potentiel qu'elles ont. Pour vivre leur moment présent, elles devraient prendre le temps de décrire en détail et par écrit où elles se trouvent aujourd'hui, où elles veulent se rendre, les moyens qu'elles veulent utiliser pour y arriver et vivre un jour à la fois en demeurant concentré sur leur objectif. Je n'ai aucun doute qu'elles auraient l'agréable surprise de découvrir que tout est possible quand on a décidé quelque chose.

Respecter nos limites

J'ai toujours pensé, plus jeune, que je n'avais pas de limites. J'ai dû apprendre à les respecter, car je me suis rendu compte que même si ça me semblait naturel d'être très active, il y avait une conséquence quand je ne les respectais pas.

Ce sont nos blessures de rejet et d'injustice qui sont derrière l'attitude de ne pas considérer nos limites. La blessure de rejet nous fait faire du déni, c'est-à-dire que nous ne nous rendons même pas compte que nous les avons dépassées. Quant à la blessure d'injustice, elle fait en sorte que nous voulons toujours être parfait même si nous réalisons que nous sommes fatigués et que nous devrions nous reposer : notre ego réussit à nous convaincre que si tout n'est pas terminé et parfait et que nous osons nous reposer, nous serons fautif.

Combien de fois ai-je décidé de m'arrêter pour faire une sieste ou pour lire un livre qui me détendait, mais que je continuais malgré tout à penser à tout ce que j'avais à faire et à me sentir coupable à l'idée de ne pas avoir assez de temps pour tout finir ce jour-là !

Un jour, alors que ma journée devait être dédiée à l'écriture, j'ai réalisé que cette recherche de perfection de mon ego prenait beaucoup de place dans ma vie. Ce jour-là, je me suis sentie fatiguée vers 15 h et j'ai décidé de faire une pause en lisant un roman d'espionnage qui captivait mon attention. Alors que j'étais en train de lire, j'ai entendu la voiture de mon mari qui arrivait plus tôt que prévu. Je me suis tout de suite levée, j'ai caché mon livre et j'ai fait semblant d'être occupée à autre chose.

Quand je me suis vue en train d'agir ainsi, j'ai enfin compris que je me sentais toujours coupable quand je prenais une pause. Parfois je me disais que je ne m'arrêterais que pendant une demi-heure, mais je regardais l'heure sans arrêt pendant ce temps : je me sentais coupable. Je me suis aussi rappelé que ce n'était pas la première fois que je faisais semblant de travailler. Je ne voulais pas qu'on me voit être en train de me reposer.

Je ne me donnais pas le droit d'avoir des limites. Je ne m'autorisais donc pas vraiment à faire une pause tant que tout n'était pas terminé. Quand j'ai partagé cette prise de conscience à mon mari, il m'a dit ceci : « Enfin ! tu vas travailler un peu moins. Je suis content pour toi, car tu es tellement dévouée que tu mérites beaucoup plus de pauses que tu ne te le permets. »

Ce n'est qu'en lui partageant ce que je ressentais que j'ai su que je ne me sentais plus coupable et que je m'acceptais dans ma nouvelle décision. S'il m'avait fait sentir coupable, j'aurais su que je me sentais ainsi malgré ma décision de me reposer plus souvent. La cause première de l'épuisement professionnel est le non-respect des limites. J'ai réussi à me rendre compte de mes limites au niveau personnel, mais sur le plan professionnel j'ai dû faire beaucoup plus d'efforts. Les trois corps sont affectés quand on ne veut pas s'arrêter au moment où un des corps le demande. Dans mon cas, ce fut très souvent mon corps mental qui avait un trop-plein. Quand ça arrivait, j'avais moins de résistance sur les plans physique et émotionnel.

J'avais des malaises physiques comme des maux de dos, de tête, de la constipation. Émotionnellement j'étais plus impatiente, plus colérique. Je me contrôlais émotivement lorsque j'étais au travail, mais je perdais le contrôle lorsque j'étais avec ma famille ou avec mon mari.

J'allais magasiner pour m'acheter quelque chose dont je n'avais pas besoin pour me récompenser et je me sentais encore plus coupable. Tout ça me grugeait de l'énergie. Ce n'est plus le cas aujourd'hui et j'en suis très heureuse.

Maintenant, quand je sens que j'ai un trop-plein au niveau de mon mental et que je n'arrive plus à me concentrer, je fais quelque chose de physique pour me détendre : je vais marcher, je cuisine, je fais quelque chose qui m'amuse ou je vais faire une sieste. Si je ne peux rien faire de ceci pour une raison ou pour une autre, je m'isole pendant au moins 15 minutes, je ferme les yeux et j'écoute le silence.

Je suis rarement fatiguée physiquement, mais quand je sens que j'ai une baisse d'énergie je prends le temps de m'assoir dans un fauteuil confortable puis je lis un livre qui me distrait ou je joue à un jeu sur ma tablette. Je récupère très vite puisque je n'ai pas un grand manque d'énergie à rétablir. Le regain d'énergie que j'ai par la suite fait en sorte que je suis beaucoup plus productive lorsque je retourne au travail.

J'espère que ce que je partage avec toi t'aidera à devenir conscient de tes propres limites. Si tu es jeune et que tu respectes ton énergie en écoutant tes besoins, tu seras heureux d'avoir beaucoup d'énergie pour profiter pleinement de la vie lorsque tu auras 70 ans.

On doit respecter nos limites dans plusieurs domaines, mais surtout dans nos relations avec les autres puisqu'elles sont une grande source d'émotions. À titre d'exemple, j'ai embauché plusieurs membres de ma famille chez *Écoute Ton Corps.* J'aurais pu avoir une attitude différente avec eux, mais j'ai écouté mes limites à ce sujet et j'en suis bien heureuse. J'ai toujours précisé, que ce soit à mon mari, ma fille, mon gendre, mes fils, mes soeurs ou mon neveu, qu'ils seraient traités comme les autres employés, que j'étais la patronne et qu'il se pourrait qu'ils ne soient pas tout le temps d'accord avec moi. S'ils voulaient tout décider, ils n'avaient qu'à devenir patron de leur propre entreprise.

Je me souviens que mon conjoint Jacques me trouvait dure dans ma façon de communiquer quand il a commencé à travailler avec moi. J'ai toujours été capable de dire les choses telles qu'elles sont, sans détour. J'exprime ce que j'ai à dire au fur et à mesure plutôt que d'accumuler, d'aller au-delà de mes limites et risquer d'être trop émotive et de dire des choses qui ne sont pas nécessaires. Je vis moins d'émotions en agissant ainsi.

Jacques aurait aimé que je sois comme lui c'est-à-dire que je fasse tout pour ne pas blesser les autres. Il a fait de gros efforts pour s'habituer à ma façon de faire et, un jour, il m'a avoué que c'était mieux d'agir de ma façon. Il se sentait toujours coupable juste à l'idée de dire quelque chose à quelqu'un qui était difficile à accepter. De mon côté, je savais que lorsqu'une personne vivait mal ce que je venais de lui dire c'était parce que son ego avait une perception de la situation qui la mettait mal à l'aise et que je n'en étais pas responsable. En même temps, ça me permettait de constater que j'avais un manque d'acceptation face à cette personne.

On agit avec les autres de la même façon qu'on agit avec soi-même. Ainsi, lorsqu'on ne respecte pas nos limites, on ne peut pas respecter celles des autres. Un patron qui est ainsi sera très exigeant envers ses employés et ceux-ci ne se sentiront pas respectés. Ce fut mon cas pendant plusieurs années.

Un employé qui est très exigeant envers lui-même voudra que les autres le soient autant que lui et il vivra des émotions — surtout de la colère et de l'injustice — à l'idée que les autres sont payés autant que lui, voire plus, alors qu'il travaille davantage qu'eux.

Quand j'ai dû fermer le grand centre dans les Laurentides parce qu'il ne répondait plus à mon besoin, j'ai pu passer à l'action, car je savais que j'avais atteint ma limite d'endettement. Si je ne m'étais pas donné le droit d'avoir des limites, je n'aurais jamais pu passer à travers cette expérience. Je n'aurais pas eu l'énergie nécessaire pour installer mon école dans un nouvel endroit tout en continuant à gérer une équipe, enseigner et écrire beaucoup.

Le plus important c'est l'acceptation. Je te rappelle que nous sommes tous sur Terre pour apprendre à nous donner le droit d'avoir des limites. Tout le monde en a, qu'elles soient physiques, émotionnelles ou mentales. Elles diffèrent pour chacun d'entre nous, c'est tout.

Nous pouvons comparer nos limites aux murs de notre maison. Quand nous les acceptons, un phénomène intéressant se produit : les murs semblent s'éloigner et nous avons de plus en plus d'espace. Ceci fait en sorte que ça nous prend plus de temps avant d'atteindre nos limites. J'étais très heureuse de constater qu'accepter mes limites me permettait de continuer de fonctionner à mon rythme malgré mon âge. N'est-ce pas merveilleux de défier la croyance populaire qui dit que plus on prend de l'âge, plus on perd nos capacités ? Ce ne sont pas les mêmes capacités, c'est tout.

Je suis toujours très occupée, mais avec le temps qui passe je change comment je fais mes activités. Par exemple, je voyage moins depuis peu, mais je continue d'enseigner à partir de chez moi par le biais de webinaires. Je ne choisis que des activités qui font WOW en moi.

La foi, la confiance, la fierté

Depuis le début de ce livre, j'ai beaucoup parlé des domaines qui m'ont fait travailler sur moi et qui m'ont menée à changer mes croyances. Je suis certaine que ceci m'a grandement aidée à vivre différemment de la majorité des gens de mon âge.

Ma mère avait une grande foi en ses capacités et en Dieu et elle faisait confiance à la vie en général. Elle avait un tempérament positif et aimait relever des défis. Elle avait toujours des projets, ce qui nourrissait bien son corps émotionnel. Mes parents ont été propriétaires de trois restaurants à différentes époques de leur vie. Le dernier commerce que ma mère a eu était un magasin de vêtements pour dames et enfants.

Mon père doutait facilement de lui-même sauf dans les domaines où il avait des connaissances et du talent. Il était très courageux, car il finissait toujours par accepter ce que ma mère voulait malgré ses peurs. Elle ne lui parlait pas des incidents qui survenaient pour ne pas le décourager ou lui faire peur. Elle s'occupait du budget personnel et professionnel et ne disait jamais à mon père quand ils manquaient d'argent. Ma mère était très courageuse.

On ne doit pas confondre le courage avec la foi. Le courage c'est oser avancer même si nous avons peur. Il se manifeste en général chez les gens qui savent ce qu'ils veulent et qui sont prêts à atteindre leurs buts coûte que coûte même si ça leur cause du stress et de la peur. La foi, c'est avoir la certitude que nous avons ce qu'il faut pour manifester tout ce que nous voulons sans douter du résultat même si nous n'avons aucune preuve que ceci fonctionnera.

Ma mère m'a donné en plus un bon exemple de foi. Elle avait décidé que mon père et elle passeraient leurs hivers en Floride lorsqu'ils seraient vieux. Au Québec, en 1970, seuls les gens qui avaient de l'argent pouvaient faire ça. Nous lui disions qu'elle rêvait en couleur et nous ne la croyions pas. Eh bien ! Son désir s'est manifesté ! Elle nous a appris beaucoup plus tard qu'elle avait mis de côté un peu d'argent toutes les semaines. Un jour, elle a eu l'occasion d'acheter une grande maison mobile à un très bon prix et elle est passée à l'action. Il lui a fallu beaucoup de détermination pour convaincre mon père d'acheter cette maison et de partir avec elle, car il n'avait jamais cru à ce rêve. Mes parents ont passé tous leurs hivers en Floride pendant au moins 20 ans !

Il est très courant d'avoir des parents qui ont un bagage génétique différent et qui ont chacun des croyances qui s'opposent comme mes parents. Si c'est ton cas, tu as dû te rendre compte qu'une partie de toi veut quelque chose et qu'une autre te dit que ce n'est pas une bonne idée. Cela te cause souvent de l'incertitude, des doutes. Si tu vis ce genre de situation, ne laisse pas ton ego te ballotter dans tous les sens sinon tu ne passeras pas souvent à l'action. C'est souvent dans ces moments-là que nous avons l'occasion de devenir plus conscient de ce que nous voulons véritablement. Le plus important c'est d'écouter la partie qui n'est pas motivée par une peur.

J'ai longtemps refusé d'être comme mon père sur le plan professionnel parce que je ne m'acceptais pas quand j'étais incapable de prendre une décision ou que je me laissais diriger par les peurs de mon ego. C'est la raison pour laquelle j'ai pris plusieurs décisions dans ma vie qui m'ont coûté cher : je le faisais pour ne pas être comme mon père. Tout le monde disait que j'étais fonceuse et courageuse, mais je n'avais pas encore développé la vraie foi.

Avec le temps, j'ai découvert que ça faisait partie de mon plan de vie et ce sont les expériences vécues dans les premières années d'*Écoute Ton Corps* qui m'ont permis d'en prendre conscience.

Un jour, j'ai réalisé que je devais apprendre à LÂCHER PRISE afin de développer ma foi. ce fut une des victoires les plus importantes de ma vie. C'était une révélation pour moi lorsque j'ai appris que nous lâchons prise quand nous arrêtons d'être attaché aux résultats. Lâcher prise signifie donc être bien, calme et serein même si n'obtenons pas les résultats escomptés.

Ce fut très difficile pour moi de pratiquer cela dans ma vie. J'ai bien réussi lorsque j'étais dans le domaine de la vente parce que j'étais sans cesse motivée par les résultats. J'avais toujours des quotas à atteindre et je les atteignais, mais à quel prix ! Je vivais sans cesse dans la peur de ne pas y arriver. Je contrôlais tout au lieu de lâcher prise. Par contre, puisque je gagnais très bien ma vie, je ne savais pas que j'avais des problèmes au sujet de l'argent. Ce n'est que lorsque j'ai appris à lâcher prise que j'ai su à quel point j'étais dure et exigeante envers moi-même et que j'avais oublié comment écouter mes besoins. C'était la réussite qui comptait avant tout.

Quand j'ai fondé mon école, j'ai réalisé que j'avais beaucoup de travail à faire dans ce domaine. Je croyais que je serais bien et prospère seulement si j'atteignais mes objectifs. Puisque ce n'était pas le cas, j'ai commencé à avoir de sérieux problèmes d'argent.

Quand j'avais des problèmes financiers, je paniquais et je ne dormais plus. Les peurs et le stress contrôlaient de plus en plus ma vie. Comme je suis une personne déterminée, même si j'avais peur de tout perdre je demeure en contact avec ce que je voulais et je faisais les actions pour le réaliser. Je pouvais alors gérer le stress que je vivais.

J'ai finalement découvert que plus j'observais mes peurs au lieu de les laisser me contrôler, plus les solutions se présentaient à moi. Je savais que j'avais peur, mais peu à peu j'ai fini par sentir au plus profond de moi que je pouvais toujours atteindre mes buts tant et aussi longtemps que mon « JE VEUX » était plus fort que « J'AI PEUR ».

J'ai mis quelques années à changer ma vision des choses dans le domaine financier. Au fur et à mesure que je lâchais prise, ma foi se développait et j'ai réussi à rembourser mes dettes.

Aujourd'hui, je fais très confiance à l'Univers. S'il me dirige vers quelque chose qui ne fait pas partie de mes projets, je sais que c'est parce qu'il y a mieux pour moi. J'ai fini de me culpabiliser, de me juger et de me dévaloriser à cause des résultats dans ma vie. Cette attitude m'aide aussi à être plus humble lorsque j'atteins mes buts. La grande leçon que j'ai apprise en même temps que le lâcher-prise c'est que je ne suis pas ce que je fais.

Lorsque j'ai écrit mon premier livre, j'ai fait un acte de foi auquel je me suis souvent référée personnellement au cours de ma vie. Les gens qui venaient suivre des formations à *Écoute Ton Corps* me demandaient de plus en plus souvent d'écrire ce que j'enseignais. Puisque je ne me considérais pas comme une écrivaine, j'ai hésité pendant au moins un an avant de décider de l'écrire. Un jour, j'ai fait une entrevue radiophonique et l'animateur m'a conseillé de créer ma propre maison d'édition si jamais je décidais d'écrire un livre, car il avait eu une mauvaise expérience avec la sienne. Je ne lui avais jamais parlé d'écrire un livre. J'ai donc compris que je recevais un autre clin d'œil de l'Univers qui voulait que j'écrive.

Je me suis alors informée pour savoir comment procéder et ce que ça impliquait pour moi, puis j'ai décidé de foncer, écrire un livre et de créer *Les Éditions E.T.C.* en utilisant le peu d'argent que j'avais. Quand est venu le temps de le faire imprimer, j'ai demandé à l'imprimeur d'en tirer 10 000 exemplaires. Il ne croyait tellement pas ce qu'il entendait qu'il m'a fait répéter par deux fois. Il m'a ensuite dit que je n'étais pas du tout réaliste et que la plupart des gens n'en faisaient imprimer que 300 au maximum pour débuter. J'étais tellement certaine de ma décision qu'il n'a pas pu me faire changer d'idée. Je n'ai jamais douté que ces livres se vendraient.

Il m'a alors demandé un dépôt de 1 000 $, montant que je n'avais pas. Au cours des semaines suivantes, j'ai demandé à tous les participants que je rencontrais durant les ateliers des semaines suivantes s'ils souhaitaient se procurer le livre et me le payer à l'avance.

En échange, ils auraient une belle dédicace personnelle dans leur livre ! Le livre se vendait 15 $. J'ai rapidement amassé l'argent nécessaire pour le faire imprimer. À ce moment-là, je ne savais pas que lorsque 5 000 exemplaires d'un livre étaient vendus il était considéré comme un livre à succès.

Cette expérience m'a aidée à conserver mon énergie, car au lieu de vivre du stress et de la peur j'étais excitée et joyeuse. J'ai bien vécu cette expérience et la foi que j'avais a certainement contribué à ce que ces 10 000 livres se soient vendus dans la première année, en 1987. J'ai continué à développer ma foi lors de la fermeture du premier grand centre de santé dans les Laurentides en 1988, où j'avais accumulé une dette de plus de 400 000 $. Les années 1987 et 1988 m'ont donc permis de découvrir à quel point elle est puissante.

J'ai enfin pu accepter que tout ce qui nous arrive représente ce dont nous avons besoin au moment où nous en avons besoin. C'est ça la foi ! Nous créons toujours notre propre vie. Au fur et à mesure que notre ego diminue, nous créons des situations qui sont de plus en plus faciles à gérer.

Je ne savais pas comment j'arriverais à payer ce montant, mais je savais que j'y arriverais même si ça me prenait 10 ans. Mon comptable me suggérait de faire faillite, mais je ne pouvais pas envisager de ne pas rembourser ce que je devais à tous ces gens qui avaient eu confiance en moi et en mon projet. J'avais eu de l'aide de 33 investisseurs ! Je me souviens en particulier d'une dame plus âgée qui avait investi les 3 000 $ qu'elle avait économisés pour ses vieux jours.

Mais l'Univers avait une belle surprise pour moi : les recettes de mon premier livre ! Comme je recevais de plus en plus de redevances, j'ai promis à mes investisseurs de les rembourser avec ce que le livre rapporterait en les payant aux quatre mois et au prorata de leur investissement. Certains n'étaient pas d'accord au départ, mais ils ont tous fini par accepter de ne pas me demander d'intérêt. Ils étaient reconnaissants que je n'opte pas pour la faillite.

J'ai compris à ce moment-là que l'Univers fait bien les choses. J'avais un moyen de les rembourser ! Quand j'écrivais un chèque, j'imaginais toujours celui ou celle à qui il était adressé le recevoir avec joie. Chaque fois que je leur faisais parvenir un chèque, le montant était une surprise pour eux. C'était ma façon de les remercier pour avoir eu confiance en moi. Et puis le livre se vendait tellement bien que les chèques devenaient de plus en plus substantiels.

Au lieu de vivre de la colère parce que je ne pouvais pas conserver les revenus générés par le livre et que je devais les utiliser pour rembourser l'achat d'un centre que je ne possédais plus, je ressentais de la joie parce que j'avais les moyens de payer mes investisseurs. C'est à ce moment-là que j'ai compris que l'Univers s'occupait toujours de moi et que je pouvais lui faire confiance en tout temps. Ceux qui me connaissent bien m'entendent souvent dire que je suis extrêmement reconnaissante d'avoir l'Univers comme chef d'orchestre. Il s'occupe de tous mes besoins.

Depuis cet incident, j'ai toujours gardé cette attitude de reconnaissance quand je paie quelqu'un. Je dois avouer que ce fut plus difficile quand je devais payer des impôts ou des taxes, mais j'y suis arrivée. C'est une attitude qui permet de créer de la prospérité.

La foi est accessible à chacun d'entre nous. Il s'agit de décider d'être en contact avec notre puissance intérieure. Tout le monde naît avec la même puissance. Nous sommes tous des DIEUX créateurs !

Beaucoup de gens qui prennent de l'âge ont de plus en plus de peurs. Ils se dirigent donc à l'opposé de ce dont leur âme a besoin. C'est dommage puisqu'ils devront revenir sur Terre et recommencer leur apprentissage. Nous sommes tous ici pour la même raison : se souvenir que nous sommes DIEU et que nous avons une grande puissance de création.

Que décideras-tu ? Continueras-tu de croire que seuls les autres sont capables d'apprendre à lâcher prise, de développer de la confiance et de la foi et que tu ne peux pas ? Décideras-tu que tu peux faire tout ça

DÈS MAINTENANT en te donnant le temps nécessaire pour y arriver ?

Il faut savoir par contre que les problèmes ne disparaissent pas parce que nous avons la foi. Toutefois, ils ne sont pas si importants et on sait plus vite comment les régler ce qui nous permet de revenir vers ce que nous voulons.

Ce qui aide le plus à développer la foi c'est de décider ce que nous voulons puis de faire des actions pour l'obtenir même si nous ne savons pas si ce sont les bonnes. Peu importe ce qui arrive, il faut garder en tête notre objectif. Le visualiser et ressentir du bonheur pendant qu'on travaille pour l'atteindre aide à le manifester plus rapidement.

Aussitôt que nous rencontrons un obstacle, nous prenons une grande respiration et nous cherchons une solution au lieu de croire que ce que nous voulons ne peut pas se réaliser. Si la solution que nous avons trouvée n'a pas le résultat escompté, nous n'avons qu'à en trouver une autre. C'est ça demeurer en contact avec ce que nous voulons. Il faut aussi accepter que l'Univers puisse parfois prendre des chemins que nous ne connaissons pas. Il est important de lui faire confiance et de savoir qu'il fera toujours en sorte que ce qu'il y a de mieux pour nous se manifeste.

Nous devons aussi développer notre fierté. J'entends souvent les gens dire qu'ils seraient fiers d'eux s'ils avaient plus d'argent ou de talent parce que leur vie pourrait ainsi s'améliorer. Souviens-toi que le bonheur ne vient jamais de l'extérieur. Il ne peut provenir que de l'intérieur de toi. Sois toujours fier de toi malgré les difficultés que tu vis. Ce n'est qu'ainsi que tu attireras de plus en plus de situations dont tu seras fier. Prends l'habitude de trouver quelque chose dont tu es fier chaque jour. Si tu es rigide ou perfectionniste, crois-tu que tu as le droit d'être fier de toi seulement quand tu accomplis des choses exceptionnelles ? Prends le temps d'y réfléchir. Ce serait dommage que tu continues à croire à ça.

En ce qui me concerne, je n'étais pas toujours fière de moi. J'étais souvent déçue parce que j'étais très exigeante. Même si j'avais du succès, je trouvais facilement quelque chose à critiquer, qui aurait pu être mieux. . En travaillant sur le côté rigide et exigeant de ma personnalité, il m'est devenu de plus en plus facile d'être fière de moi aujourd'hui. Qu'est-ce que la fierté au juste ?

La fierté c'est tout ce qui rehausse l'estime de soi. C'est ce qui nous fait prendre conscience de notre valeur personnelle dans différents domaines.

La fierté est un élément essentiel de notre équilibre et de l'amour qu'on a pour soi. Par contre, si tu as besoin d'abaisser une autre personne pour être fier de toi, tu es plutôt orgueilleux.

Voici un exemple de quelqu'un qui est orgueilleux. Disons qu'une jeune femme dit à sa soeur qu'elle vient de s'acheter une belle voiture et qu'elle est fière d'elle parce que ça fait un an qu'elle économise pour cet achat. Voilà de la fierté. Par contre si elle ajoute qu'elle aussi pourrait s'acheter une belle voiture si elle arrêtait de fumer. Cette jeune femme est orgueilleuse puisqu'elle tente d'abaisser sa sœur. L'orgueil est le plus grand obstacle aux bonnes relations. D'ailleurs, la plupart des gens sont portés à fuir les orgueilleux.

Quand nous sommes fiers de nous-mêmes les autres sont heureux pour nous et nous disent que nous le méritons. Ils ne se sentent pas du tout abaissés par notre réussite et nos bonnes nouvelles. J'ai aussi remarqué que plus nous sommes fiers de nous, plus nous recevons des compliments sincères de la part des autres.

Chaque fois que tu es fier de toi, tu auras plus d'énergie. Souviens-toi de ceci la prochaine fois que tu en manqueras. Sens-toi fier le plus souvent possible. Ce sera bénéfique pour toi.

Joie de vivre

La joie de vivre est très importante pour la santé physique, émotionnelle et mentale. C'est un sentiment de bonheur et de plénitude. Je vois beaucoup de gens quand je voyage et j'aime les observer. Quand je vois des gens qui dégagent de la joie de vivre, je ne peux m'empêcher de les observer davantage. Ils sont comme des aimants : ils attirent le regard et la présence des autres.

Quand je donne un atelier, je porte toujours attention aux nouvelles personnes. La majorité d'entre elles ne dégagent pas beaucoup de joie. Je vois une différence avec celles qui ont déjà assisté à plusieurs ateliers; elles démontrent qu'elles sont heureuses d'être là. Elles semblent avoir plus de facilité à exprimer leur joie. Celle-ci, comme tout état d'être, ne vient pas de l'extérieur de nous. Elle doit être présente en nous afin qu'elle se manifeste dans notre vie.

Lorsque nous sommes joyeux, nous avons hâte de commencer une nouvelle journée. C'est un sentiment qui nous donne tellement d'énergie que je me suis souvent demandé pourquoi les gens ne vivent pas plus souvent dans la joie. Elle ne coûte rien et n'enlève rien aux autres. En ce qui me concerne, je planifie toujours des moments joyeux dans mon quotidien.

Mes parents travaillaient beaucoup, mais ils trouvaient toujours du temps pour s'amuser, jouer aux cartes, danser et jouer de la musique en famille. Lorsqu'ils arrêtaient de travailler, ils profitaient pleinement de leur temps de détente ce qui créait un équilibre dans leur vie. Quand je demande aux gens s'ils aiment danser ou aller dans une fête de famille ou d'amis, la grande majorité me répond oui. Il est donc très important selon moi de créer des occasions de se rencontrer pour danser, jouer et avoir du plaisir. Et toi ? À quand remonte la dernière fois où tu as dansé ou assisté ou organisé une fête chez toi ? Cette habitude est une autre source d'énergie !

J'ai toujours organisé des fêtes chez moi et fait des sorties qui m'apportaient de la joie. J'étais donc invitée chez ceux que je recevais lorsqu'ils organisaient quelque chose à leur tour. Il y a toujours eu des moments joyeux dans ma vie chaque semaine même si j'ai toujours été très occupée.

Il ne faut pas confondre la joie avec le plaisir. Le contraire de la joie est la tristesse tandis que le contraire du plaisir est la douleur. Il est certain qu'il est plus facile d'être joyeux quand on a du plaisir. Mais même si nous vivons une situation difficile, nous pouvons conserver notre joie de vivre, faire des plans pour l'avenir et avoir hâte d'atteindre nos buts.

Il ne faut pas aussi confondre la satisfaction avec la joie de vivre. Nous pouvons être satisfait lorsque nous avons accompli une tâche, mais ça ne veut pas dire que nous sommes heureux et joyeux. La satisfaction se situe au niveau du mental alors que la joie provient du cœur. La satisfaction vient APRÈS avoir accompli une tâche, mais la joie est ressentie PENDANT ET APRÈS la tâche.

Si tu t'attends à ce qu'il n'y ait plus d'obstacles dans ta vie avant d'être joyeux, ta vie sera bien ennuyante. Tout le monde rencontre des obstacles au cours de sa vie. Cela dit, c'est plus facile de les surmonter quand on a une grande joie de vivre.

Les gens qui n'ont pas beaucoup de joie de vivre ne vieillissent pas bien. Ils deviennent plus facilement agressifs, colériques, amers, blessants ou même méchants avec ceux qu'ils aiment.

Les personnes qui ont plus de 90 ans qui sont en pleine forme, font encore du sport, ont des activités et s'amusent ont une grande joie de vivre.

Si tu veux développer la tienne, voici quelques suggestions :

- prends le temps de trouver au moins un cadeau que la vie t'a fait chaque jour.
- Vois ce qui est beau avant ce qui est laid selon toi.
- Assure-toi d'avoir au moins un ou deux buts à atteindre.
- Laisse tomber tes amis ou tes connaissances qui ne sont pas enthousiastes pour toi. Tu en trouveras d'autres en chemin qui le sont.
- Observe les enfants : ils sont de très bons modèles de joie de vivre.

- Sois heureux pour le bonheur des autres. Demande-leur comment ils font au lieu de les envier.

Pour terminer ce chapitre, je souhaite te partager l'histoire d'un homme que je n'ai rencontré qu'une seule fois il y a de cela 40 ans. Il avait environ 55 ans. Je ne l'ai jamais oublié tellement il a eu un impact sur moi. Chaque fois que je pense à lui et que je me remémore son histoire, je ressens de la joie et du bonheur, ma confiance en moi est renouvelée et ma foi est renforcée. J'ai parlé de tout ça dans ce chapitre.

Il était propriétaire d'une des plus grandes flottes de camions aux États-Unis et il était de passage à Montréal. Il avait invité plusieurs personnes à célébrer un événement avec lui. Mon compagnon du moment (entre mes deux maris) m'a invitée à l'accompagner. Lors de l'apéro, j'étais fascinée par ce qui se dégageait de lui. Mon attirance n'était pas physique. C'était au-delà de ça. Il était habillé en cow-boy : jeans, chapeau et bottes alors que les autres hommes étaient tous en habit. Il ne se préoccupait pas du tout de l'endroit où nous étions soit dans un grand hôtel au départ puis dans un grand restaurant ensuite.

Le hasard a fait que j'étais assise à côté de lui au restaurant. Tu auras compris que je ne crois pas vraiment au hasard. Je sais aujourd'hui que ceci est arrivé parce que je le désirais ardemment. Comme j'ai toujours aimé poser des questions, je lui ai demandé comment il avait démarré son entreprise et était parvenu à une si grande réussite.

Voici son histoire. Ce ne sont pas ses mots exacts, mais l'essentiel de ce qu'il m'a communiqué y est.

J'étais soldat à la dernière guerre et quand je suis revenu chez moi en 1945, je n'avais pas un sou et je ne trouvais pas de travail. Un jour, en me promenant sur les chemins de campagne, j'ai porté attention à toutes les boîtes aux lettres qui étaient près du chemin. J'ai eu l'idée d'offrir à chacun des propriétaires de peindre leur boîte aux lettres pour 5 $ (ce qui était cher à ce moment-là) avec une belle couleur argentée et d'écrire leur nom dessus en noir avec une belle calligraphie.

La plupart ont accepté et j'ai commencé à amasser de l'argent. Alors que je peignais les boîtes aux lettres, j'ai remarqué que la plupart des toits des maisons avaient besoin d'être réparés ou refaits. J'ai donc offert à mes clients de refaire leur toit avec du goudron. Encore une fois, la plupart ont accepté. J'ai dû acheter plusieurs camions puisque j'avais besoin d'aide. Je ne pouvais plus travailler seul.

J'ai ensuite offert à tous mes clients d'asphalter leur entrée qui était en terre. Comme ils étaient d'accord, j'ai dû acheter d'autres sortes de camions pour faire les travaux d'asphaltage. Voilà mon histoire ! Je ne me suis jamais inquiété pour les risques que j'ai pris quand j'entreprenais un nouveau projet parce que je me répétais toujours qu'il n'y avait rien de grave, car quoiqu'il m'arrive, il y aura toujours des boîtes aux lettres à peindre !

Cette dernière phrase m'a tellement impressionnée que je me la suis répétée plusieurs fois au cours de ma vie depuis que j'ai créé l'école *Écoute Ton Corps.* Je m'entends même dire ceci à d'autres personnes qui me demandaient ce que je vivais quand je vivais des difficultés financières : *Je ne sais pas ce que l'avenir me réserve, mais je ne suis pas inquiète, car si jamais mon école ne peut plus continuer, il y aura toujours quelque chose que je peux vendre.*

Cet homme a mis en pratique tout ce qui est écrit dans ce chapitre !

Chapitre sept

Accepter de prendre de l'âge

Si tu as plus de 50 ans, ce chapitre s'adresse particulièrement à toi. Si tu es plus jeune, il t'aidera à te préparer à prendre de l'âge en minimisant le vieillissement de tes corps physiques, émotionnel et mental. J'ai donné plusieurs suggestions dans ce livre pour t'aider à retarder ton vieillissement. Tu trouveras une liste de ces outils à la fin de ce livre.

Qu'as-tu ressenti ou pensé quand tu as lu le titre de ce chapitre ? T'es-tu senti découragé de devoir accepter de vieillir ? Crois-tu que le fait d'accepter cette réalité te fera vieillir plus vite ?

J'ai choisi le mot « accepter » à cause de ce qu'il signifie. D'abord, j'aimerais préciser que ce mot ne veut pas dire :

- être résigné;
- être d'accord;
- que tu comprends;
- que ça fait ton affaire et que ça te fait plaisir.

Si tu penses qu'accepter signifie ce que je viens de mentionner, sache que ceci provient de ton mental qui n'est que de la mémoire. L'acceptation est basée sur les besoins de notre cœur et non sur ce que nous avons appris mentalement. Accepter, c'est donc dire oui à quelque chose ou à quelqu'un même si tu n'es pas d'accord ou que tu ne comprends pas. C'est une démarche spirituelle.

Lorsque nous écoutons les besoins de notre cœur spirituel, notre cœur physique se porte à merveille ce qui est extraordinaire. Il y a beaucoup de gens qui ont des problèmes cardiaques dans le monde et ceci est dû au fait qu'ils écoutent leur ego au lieu d'écouter leur cœur. Ils S'ils pratiquaient l'acceptation ou l'amour inconditionnel, ils écouteraient leurs besoins en premier au lieu de prendre la vie trop à cœur.

Accepter, c'est observer une situation en ayant la conviction que nous saurons éventuellement pourquoi elle est arrivée dans notre vie. Le jour où nous en comprenons la signification, nous le faisons avec notre intelligence et non notre mental. Accepter, ce n'est pas se résigner.

La personne qui est résignée n'est pas en paix intérieurement. Elle laisse tomber, elle cède, elle subit, elle démissionne, elle se soumet, elle abdique. Toutes ces attitudes lui font vivre des émotions même si elle ne veut pas en prendre conscience. Quand nous sommes résignés, nous sommes frustrés. Nous pouvons même ressentir de la rancune et de la haine. Être résigné fait aussi en sorte que nous nous rejetons ce qui est plus douloureux que d'en vouloir à une autre personne.

J'ai aussi mentionné plus tôt qu'accepter ne veut pas dire être d'accord. Je n'ai jamais rencontré quelqu'un qui soit heureux de prendre de l'âge. Ceci confirme que personne n'est d'accord avec le fait de vieillir. Alors comment peut-on accepter ce fait ? En réalisant que c'est inévitable.

Quand tu vis une situation difficile, demande-toi si tu peux changer quelque chose. Quand tu n'y peux rien, accepte-la. Par contre, si tu peux changer quelque chose, prends le temps de noter ce que tu pourrais faire pour modifier la situation. Tu as déjà reçu plusieurs suggestions à cet effet dans ce livre.

Nos cellules se renouvellent sans cesse, mais elles ne sont pas toujours en santé parce que nous écoutons notre ego et nos peurs. Elles se reproduisent en fonction de notre état d'être du moment.

Il n'est jamais trop tard pour décider de se prendre en main et changer notre état d'être. Si tu changes tes habitudes et tes actions, mais que tu continues à avoir peur et à te sentir coupable, c'est signe que rien n'a changé au niveau de ton être. Pour changer véritablement, tu dois écouter ton cœur, vivre dans l'amour, t'accepter et accepter les autres.

Puisque tu ne pourras pas éviter de vieillir, je te suggère de faire régulièrement quelque chose de nouveau pour rester le plus jeune possible. Il y a plein d'activités que tu peux faire qui sont offertes aux gens qui prennent de l'âge, ce qui n'existait pas pour la génération précédente. Prends aussi le temps d'apprendre quelque chose. Tu trouveras peut-être ça un peu long et difficile, mais prends ça comme un défi et dis-toi que si c'est bon pour toi, tu réussiras. Les jours sont plus agréables quand on a des buts à atteindre. Si tu te rends compte que ce nouvel apprentissage ne fait plus WOW pour toi, rien ne t'empêche de passer à autre chose. L'important c'est de garder ton mental plus jeune en lui donnant l'opportunité d'apprendre de nouvelles choses.

Accepter de prendre de l'âge c'est aussi admettre que nous devenons plus limités. Notre corps montre des signes d'usure et nous n'avons plus la même force qu'auparavant. Notre mémoire aussi change : elle est saturée d'informations que nous avons enregistrées depuis notre naissance et elle a le droit de se reposer en ne se forçant plus pour se souvenir de tout. S'accepter c'est donc aussi se donner le droit de parfois chercher ses mots et d'oublier certaines choses comme le prénom de personnes que nous connaissons bien.

S'accepter c'est être réaliste et se rappeler que tout ce qui vit sur cette planète s'use et finit par mourir un jour. Par contre, comme je l'ai mentionné ci-dessus, si tu peux faire quelque chose pour changer une situation, il n'en tient qu'à toi de décider de passer à l'action. Disons que tu n'as plus la force physique pour soulever certains poids. Dans ce cas, tu as le choix entre faire des exercices pour garder ta force physique ou accepter de demander de l'aide à tes proches.

Une des raisons pour lesquelles je continue de faire des exercices quotidiennement et de marcher le plus souvent possible, c'est pour retarder le vieillissement de mes jambes. J'aurais pu choisir de marcher de moins en moins et d'utiliser mes capacités dans d'autres domaines, mais comme ça fait toujours WOW en moi quand je vais marcher, je continue. Nous devons tous décider en fonction de ce qui fait WOW en nous.

J'entends souvent les personnes plus âgées (surtout les femmes) dire qu'elles ont de la difficulté à se regarder dans le miroir, à accepter que leur corps vieillisse, qu'elles ont des rides et que leur peau est plus flasque. Si c'est ton cas, n'oublie pas qu'accepter ne veut pas dire être d'accord.

Tu as certainement rencontré une personne âgée au cours de ta vie qui était remplie de joie de vivre. Te souviens-tu de son corps flétri ou de son enthousiasme ? Rappelle-toi que tu n'es pas ton corps physique, que tu es bien plus que ça. Il est plus important de t'occuper de ton état d'être que de t'attarder à ton apparence physique. Lorsque tu retourneras dans le monde de l'âme, ton corps physique n'existera plus. Je peux t'assurer que le fait d'accepter que les capacités de ton corps physique diminuent avec le temps ralentira son vieillissement.

En ce qui concerne tes corps émotionnel et mental, ils peuvent demeurer jeunes plus longtemps. Je t'ai donné plein d'outils et d'idées à ce sujet dans ce livre. Plus tu arriveras à conserver l'énergie de ces corps, plus tu aideras ton corps physique à vieillir moins vite. Prends le temps tous les jours de te demander ce que tu peux faire pour te rendre heureux. Faire ceci au réveil est une très bonne habitude.

N'attends pas que les autres s'occupent de ton bonheur. Agir ainsi est un bon moyen de perdre sa joie de vivre ce qui fait vieillir les corps émotionnel et mental plus rapidement.

Si tu as de la difficulté à savoir ce qui te ferait plaisir, à avoir des désirs, sois attentif à tes envies quand tu observes d'autres personnes de ton âge ou que tu regardes un film. Chaque fois que tu dis ou penses que tu aimerais faire ou être ce que tu vois, cette envie t'indique que c'est un désir que tu n'oses pas manifester parce que tu laisses ton ego te faire croire que tu n'es pas capable, que ce n'est pas pour toi.

Parmi les gens qui suivent des ateliers ou participent à des conférences d'Écoute Ton Corps, il y en a qui ont plus de 80 ans et qui réalisent qu'ils peuvent encore changer bien des choses dans leur vie. Par contre, il y en a beaucoup qui ont 50 ou 60 ans et qui croient qu'ils sont trop vieux pour entreprendre ce genre de démarche, qu'il est trop tard pour changer et qu'ils doivent renoncer à ce qu'ils souhaiteraient être.

Ces personnes se laissent dominer par leur ego. Ça me rend toujours triste d'entendre des gens dire qu'ils ne peuvent plus prendre leur vie en main. Ils ne réalisent pas qu'ils devront revenir sans cesse sur Terre pour manifester tous les désirs et les besoins qu'ils ne se sont pas permis de satisfaire dans cette vie-ci. Quel gaspillage d'énergie et de temps !

Si tu veux prendre de l'âge en restant jeune grâce à ton énergie naturelle, entoure-toi de gens qui ont un esprit jeune. Si tu as des membres de ta famille ou des amis qui te font perdre ta vitalité et ton enthousiasme face à la vie, arrête de les côtoyer et crée-toi un autre cercle d'amis. Combien de fois au cours du dernier mois as-tu organisé une activité qui t'apporte du plaisir ou fait une sortie agréable ? Si tu attends toujours que les autres organisent des choses et qu'ils t'invitent ou si tu ne planifies aucune activité trop longtemps à l'avance par peur que ça ne te convienne plus quelques jours avant, tu feras très peu d'activités. J'ai mentionné précédemment que je planifie toutes mes activités et que je m'amuse toutes les semaines. Cette habitude est très importante pour moi. Elle m'apporte du bonheur puisque je sais que j'ai toujours au moins trois ou quatre activités de loisir d'organisées à l'avance dans mon agenda ainsi que des voyages de vacances. Le fait d'avoir hâte de faire ces activités me donne de l'énergie parce que mon corps émotionnel est bien nourri. Si j'attendais d'avoir le temps de m'amuser et de me distraire, ça n'arriverait pas puisque ma liste de choses à faire n'a jamais été vide depuis plus de 50 ans.

Tu sais que tes corps physique, émotionnel et mental sont en santé lorsque tu as plein d'énergie en te levant le matin, que tu es enthousiaste par rapport à la journée qui commence et que tu es de bonne humeur. Ça ne veut pas dire que tes corps n'ont plus besoin que tu t'occupes d'eux, mais plutôt que tu peux vivre une vie agréable.

J'ai une belle-soeur qui a plus de 80 ans qui, avec son compagnon, tous les jours à 15 h beau temps mauvais temps, ils rencontrent un groupe d'amis à un café. C'est une activité qui leur apporte beaucoup de plaisir. Ils y vont à pied et ne prennent leur voiture que lorsque la température est mauvaise. Ça ne veut pas dire qu'ils sont toujours en forme pour y aller, mais ils savent que même si ça leur demande un effort pour sortir de la maison, le résultat en vaut l'effort. Cette attitude est formidable. Quand on pense au bonheur que nous apporte quelque chose, il est plus facile de ne pas écouter les objections de notre ego qui va essayer de nous faire changer d'idée.

N'oublie pas que ton ego te rappelle sans arrêt toutes les croyances qu'il a apprises et accumulées dans cette vie-ci et les précédentes et pour lesquelles tu es revenu sur Terre afin de les travailler. Tu écoutes ton plan de vie lorsque tu arrêtes de laisser ces vieilles croyances diriger ta vie.

Sois alerte aux tours que ton ego peut te jouer. Est-ce que tu penses ou dis des choses similaires à ce qui suit parfois ?

- C'est tellement dommage de vieillir. Je ne peux plus faire ceci, faire cela. J'aimerais tellement pouvoir reculer dans le temps et changer des choses.
- Le temps a passé tellement vite. Je ne peux pas croire que je suis vieux (vieille) maintenant.
- Je ne peux pas accepter d'avoir des trous de mémoire. Ce n'est pas drôle de vieillir.
- J'ai toujours mal quelque part. Mon corps ne me suit plus. Pourquoi faut-il que ce soit douloureux de vieillir ?
- Je ne peux plus m'habiller à mon goût. À cause de mes vieux bras pendant, je dois toujours porter des vêtements à manches longues même s'il fait très chaud.

Tous ces commentaires indiquent que la personne en question ne se permet pas de vieillir, qu'elle n'accepte pas les nouvelles phases de sa vie. Au lieu de jouir du moment présent, elle regrette le passé.

Si tu t'es reconnu dans les situations décrites ci-dessus, accepte que ton corps physique vive des changements plus marqués tous les sept ans et que ce soit correct qu'il n'ait plus la même force physique, qu'il ne soit plus aussi beau et ferme qu'avant, qu'il ait parfois des malaises. Une fois que tu as pris conscience des changements que ton corps a subis, accepte-les et souviens-toi que nous les vivons tous.

Si tu arrives à bien gérer les changements dans ton corps physique, ils te dérangeront moins. Par exemple, si tes capacités physiques ont diminué, mais que tu décides de faire des exercices moins exigeants au lieu de penser que tu n'es plus capable, tu seras plus en forme physiquement et tu n'empireras pas ta situation. Ta mémoire aussi peut être exercée et il y a en plus des produits naturels qui ont un effet bénéfique sur celle-ci.

Porte attention aux décisions que tu prends. Viennent-elles de toi ou de tes peurs ? Te laisses-tu influencer par ton entourage ? Je connais plusieurs personnes qui ont beaucoup de difficulté à marcher. Elles boîtent et elles souffrent depuis plusieurs années. Elles savent qu'une chirurgie pourrait régler leurs problèmes de genou, de jambes ou de hanches. Elles trouvent quand même des raisons pour ne pas se faire opérer. De quoi ont-elles peur ou pourquoi veulent-elles continuer à se punir ? Elles seules peuvent trouver les réponses à ces questions dans leur cœur.

Des millions de personnes souffrent d'arthrose, et ce, de plus en plus jeune. J'en entends parler dans tous les pays où j'enseigne. En médecine, on entend souvent dire que l'arthrose n'est pas une maladie, que c'est normal, car c'est dû au vieillissement du corps. La seule solution qui est offerte c'est de prendre des antidouleurs ce qui renforce l'idée de la vieillesse.

Je préfère l'explication de mon ostéopathe qui est la suivante : « L'arthrose est une usure prématurée due à une friction dont l'origine est un problème articulaire qui n'a jamais été réglé. » En métaphysique on dirait que l'arthrose est une usure prématurée due à une friction émotionnelle dont l'origine est un problème relationnel qui n'a jamais été réglé.

On m'a très souvent demandé ce que je pense de l'arthrose. À mon avis, c'est une accumulation de colère et de sentiments de culpabilité qui proviennent de problèmes non réglés, c'est-à-dire non vécus dans l'amour, qui génèrent de l'acide dans le corps. Comme il est impossible de se souvenir de toutes les situations problématiques qui auraient pu causer de l'arthrose, je suggère à ceux qui en souffrent et qui me demandent un conseil de s'aider physiquement d'abord, mais tout en prenant le temps d'en trouver la ou les causes au-delà du physique et de faire des prises de conscience.

Je leur suggère aussi d'éviter le sucre, les colas, les viandes grillées et, si possible, le gluten et les produits laitiers pendant trois mois, c'est-à-dire avoir une alimentation plus alcaline qu'acide. Il ne faut surtout pas oublier le plus important : boire beaucoup d'eau. La plupart des gens à qui je dis ça me regardent comme si je leur demandais la lune. Ils préfèrent continuer de souffrir plutôt que de changer leurs habitudes. Par contre, j'en connais d'autres qui ont suivi ces conseils et qui ont l'air d'avoir rajeuni de dix ans. Certains m'ont même dit qu'ils avaient eu de la difficulté à s'habituer à avoir autant d'énergie et à se lever le matin sans douleur. Ils se sont rendu compte à quel point leur corps s'était vidé d'énergie au fil des années.

Il y a aussi le problème d'hypertension qui est très courant et ce problème est présent maintenant de plus en plus jeune. J'entends souvent l'expression *C'est normal qu'il y ait autant de gens hypertendus avec la vie trépidante que nous vivons aujourd'hui.* Je réponds que malheureusement c'est devenu normal, mais ce n'est pas naturel. C'est un problème que bien des gens pourraient résoudre assez facilement. J'ai été témoin de nombreuses personnes qui y sont arrivées.

J'ai toujours eu une vie très mouvementée, très active, avec des obstacles à traverser, comme la plupart des gens. Cependant, ma pression a toujours été un peu plus basse que ce que la médecine appelle « normale ». À chaque fois qu'on a dû prendre ma pression pour une raison ou une autre, pour les voyages par exemple, j'ai toujours été surprise, car j'avais vécu du stress peu avant la visite chez le médecin. Ce dernier me dit alors que c'est très bien, car ainsi je fatigue moins mon cœur qui est en très bon état.

Je sais alors que ce n'est pas le stress, les heures de travail, les soucis qui font monter la pression. C'est plutôt notre attitude face à tout cela. J'ai réalisé que le stress que j'ai toujours vécu et que je vis encore parfois est toujours pour moi et non pour les autres. C'est pourquoi l'hypertension est plus vécue par les personnes qui s'inquiètent du bonheur des autres avant le leur. Ils cherchent à être aimés plutôt que de s'occuper de combler leurs besoins eux-mêmes.

J'ai aussi remarqué que ceux qui sont hypertendus sont portés à boire trop de café. Si c'est ton cas, vis l'expérience de couper le café complètement seulement pendant une semaine pour commencer et tu verras rapidement une différence. Par contre, ça ne remplace pas le fait de devenir conscient de ton attitude qui te crée tant de pression.

Si tu veux vivre un troisième âge avec plein de vitalité tout en conservant le maximum possible de tes capacités physiques, émotionnelles et mentales, tu dois le décider dès maintenant. Aussitôt que quelqu'un te parle d'un moyen qui pourrait t'aider à améliorer ta qualité de vie, ose l'écouter et fais des démarches pour vérifier si ça te convient. C'est ce qu'on appelle être ouvert à de nouvelles opportunités. Il se peut que tu décides que ce qui t'est proposé ne correspond pas à ce que tu veux, mais au moins tu auras pris la décision toi-même au lieu de laisser ton ego prendre le dessus. De plus, même si une suggestion ne fonctionne pas pour toi, n'oublie pas de t'ouvrir aux autres moyens que l'Univers te donnera pour arriver à ce que tu veux.

Chaque fois qu'une personne me demande quels sont mes secrets pour être comme je suis, je lui réponds qu'elle n'a qu'à appliquer les enseignements d'*Écoute Ton Corps* et qu'elle pourra constater par elle-même les nombreux changements dans sa vie. Malheureusement, il y a des gens qui, malgré ma réponse, semblent décider que ce n'est pas pour eux, car ils ne passent pas à l'action. Ils ne s'aiment pas encore assez pour s'ouvrir à quelque chose de nouveau.

Disons que j'ai une amie qui se plaint sans arrêt d'une de ses relations personnelles. Elle me dit que je suis chanceuse de ne pas avoir de problèmes relationnels avec mes proches. Je lui demande alors si elle veut savoir comment j'y arrive. Comme elle me répond par l'affirmative, je lui explique la technique du miroir. Sa réaction m'indique tout de suite qu'elle n'y croit pas et qu'elle ne l'utilisera pas. Elle est convaincue que cette technique fonctionne peut-être pour moi, mais que ce ne sera pas le cas pour elle parce que l'autre personne ne voudra pas l'écouter. Elle se trouve plein d'excuses qui proviennent de son ego pour ne pas essayer la technique. Celui-ci souhaite évidemment qu'elle continue de croire que la relation est mauvaise à cause de l'autre personne. C'est étonnant à quel point notre ego nous influence : il préfère inventer plein de scénarios invraisemblables au lieu de tenter quelque chose de différent.

Prendre sa responsabilité et accepter que l'attitude des autres envers nous **provienne toujours de l'intérieur de nous-même** est une notion très difficile à assimiler à cause de la grande résistance de notre ego. C'est toujours la faute des autres selon lui et il est convaincu que s'ils changeaient notre vie serait plus agréable.

J'ai entendu de nombreux grands-parents me dire que leur relation avec leur bru ou leur gendre est difficile et que ceci les empêche de vivre leurs moments avec leurs petits-enfants dans la joie et l'amour. Il y en a plusieurs parmi eux qui ont suivi des ateliers ou lu plusieurs de mes livres. Quand je leur demande s'ils ont pratiqué la technique du miroir, ils me répondent que non. Ils semblent même surpris que je pose cette question. Leur ego a tellement d'emprise sur eux qu'ils n'ont même pas pensé à la mettre en pratique. C'est dommage parce qu'il y a des milliers d'autres personnes qui osent l'essayer et qui obtiennent des résultats extraordinaires.

Si tu vis un problème qui te fait souffrir depuis longtemps, c'est signe que tu le vivais dans une vie antérieure, voire plusieurs vies antérieures, et que tu ne t'en es jamais occupé. J'ai déjà mentionné que si tu ne règles pas ce qui est prévu dans ton plan de vie, tu devras le faire dans une autre vie. Imagine qu'un enfant reprend ses années scolaires trois ou quatre fois chacune parce qu'il ne veut pas faire ses devoirs. À la longue, il fera rire de lui, se sentira rejeté et il se rejettera lui-même de plus en plus. Il se sentira aussi abandonné, car il aura peu ou pas d'amis.

C'est ce que nous vivons tous quand nous allons à l'encontre des besoins de notre âme. D'ailleurs, les gens qui n'écoutent pas leurs besoins ne prennent pas de l'âge avec grâce : leur voix s'éteint, leur ossature ainsi que leur masse musculaire diminuent plus vite que la normale et ils ont souvent le dos courbé.

Au chapitre cinq, j'ai mentionné à quel point les blessures de rejet et d'abandon finissent par prendre le dessus quand on ne se prend pas en main alors qu'on est jeune. Si tu crois que tu n'as pas ces blessures, sache que ce n'est pas le cas. En effet, lorsque nous sommes plus jeune, nous ne voyons pas vraiment l'impact de ces blessures sur notre corps parce que ce sont celles de trahison et d'injustice ou d'humiliation qui prennent beaucoup de place. En fait, ces dernières nous empêchent de ressentir la douleur qui est causée par les blessures de rejet et d'abandon.

C'est ce qui explique le fait qu'en vieillissant plusieurs personnes ne parlent que des choses qu'elles faisaient lorsqu'elles étaient jeunes et à quel point elles trouvent ça difficile de ne plus pouvoir les faire. Par exemple, elles regrettent leur mémoire d'autrefois, ont peur de dépenser leurs économies ou aimeraient avoir plus d'énergie pour pouvoir marcher davantage. Plus elles se plaignent et vivent dans le passé, plus elles alimentent leurs blessures de rejet et d'abandon.

C'est très douloureux de vivre ainsi quand on est vieux. Il faut comprendre que ceci est dû au fait que leurs blessures ont augmenté au lieu de diminuer. Tout ce que nous pouvons faire lorsque nous rencontrons des personnes âgées qui sont dans cette situation c'est d'avoir de la compassion pour elles. Cela dit, le fait de savoir qu'elles devront revenir sur Terre pour recommencer le travail qu'elles n'ont pas fait dans cette vie-ci devrait nous inciter à nous prendre en main le plus tôt possible.

D'un autre côté, je connais des personnes de plus de 70 ans qui vivent très bien leur troisième âge et qui n'ont jamais fait de travail de conscientisation, de développement personnel ou lu des livres à ce sujet. Malgré tout, elles sont joyeuses, font plein d'activités agréables et se donnent le droit de se reposer quand leur corps le demande. Dans leur cas, je sais qu'elles ont eu la sagesse de se prendre en main grâce à leurs observations et aux décisions qu'elles ont prises au cours de leur vie. Je m'en rends compte quand je parle avec elles : elles écoutent attentivement et comprennent ce que je dis intuitivement. Les questions qu'elles me posent sont en lien avec ce que j'enseigne. Je suis persuadée qu'aucune âme ne vient sur la Terre si elle n'a pas besoin de changer des façons de penser et de vivre.

Un autre sujet que je veux aussi aborder est celui de la retraite. Si tu crois que tu seras plus heureux et bien dans ta peau lorsque tu la prendras, sache que c'est impossible. Si tu n'étais pas heureux avant, pourquoi le serais-tu à la retraite ? Ton ego trouvera d'autres moyens pour te faire vivre des émotions et des peurs, même si le contexte est différent. Quand nous laissons notre ego diriger notre vie, il ne disparaît pas soudainement simplement parce que nous passons à une autre étape de notre vie. Il sait que nous l'avons souvent laissé décider pour nous alors il reste très présent dans notre vie.

Quand nous sommes jeune, nous vivons des peurs et des émotions reliées à notre croissance physique. De plus, notre âme s'ajuste à son nouveau milieu de vie. Ensuite vient l'adolescence, qui apporte son lot de problèmes, puis la vie de couple et les enfants si nous avons décidé d'en avoir. En dernier vient l'étape d'être un grand-parent pour certains d'entre nous. Toutes ces phases de la vie nous font vivre plein d'émotions. Si nous ne changeons rien intérieurement, nous continuerons de vivre des moments difficiles. Tout le monde est égal à ce niveau.

Je sais que je répète les mêmes choses souvent, mais c'est pour t'aider à les assimiler réellement. Alors je te rappelle que chaque fois que tu laisses ton ego te diriger tu es décentré ce qui signifie que ton énergie ne circule pas correctement de haut en bas et de bas en haut. Quand ceci arrive, tu dois puiser dans tes réserves d'énergie pour accomplir tes activités physiques, émotionnelles et mentales.

Tout changement véritable se manifeste lorsque nous sommes conscients d'un problème, que nous avons décidé de trouver une solution et que nous passons à l'action en modifiant notre comportement et notre attitude intérieure. Tant et aussi longtemps que nous attendons que la solution vienne de l'extérieur, rien ne peut changer. Par contre, ce que nous apprenons de l'extérieur nous aide à découvrir ce qu'il faut faire pour se transformer véritablement.

Lorsque tu vis une situation que tu n'aimes pas et à laquelle tu ne t'attendais pas, lâche prise. Le fait que tu ne sais probablement pas pourquoi tu t'es attiré une telle expérience n'est pas important. Pour lâcher prise, répète l'une des trois phrases suivantes :

- La vie est parfaite. Je saurai un jour pourquoi cela m'arrive aujourd'hui.

- Mon DIEU intérieur connaît mieux mes besoins que moi.
- Il m'arrive toujours ce dont j'ai besoin.

Quand tu dis ces phrases, sois conscient que tu n'aimes pas la situation dans laquelle tu es, mais que c'est une étape nécessaire pour parvenir à l'accepter. Dès le moment où tu acceptes la situation, tu reviens naturellement vers ta lumière intérieure et ton cœur qui est rempli d'amour. Tu t'attireras alors des surprises agréables qui t'aideront à aller de l'avant. Tu deviendras conscient et tu comprendras pourquoi tu as attiré ce genre de personne ou cette situation et une solution se présentera spontanément à toi.

Si tu décides de demeurer inconscient, tu continueras de vivre des émotions, de la colère et tu crieras à l'injustice et ce même genre de situation continuera à se répéter dans ta vie. Ton ego demeurera très présent ce qui fera en sorte que tu seras décentré et que tu seras dans la noirceur. Ceci t'empêchera de voir ce qui est dans la lumière.

Je parle de lumière et de noirceur, car notre cœur (au sens figuré) est le soleil de notre être. Tandis que l'ego représente la noirceur. Il n'y a que toi qui puisses décider si tu touches le bouton pour allumer ou éteindre ta lumière intérieure selon qui tu écoutes : ton cœur ou ton ego.

Chaque fois que tu te recentres en écoutant ton cœur, tu développes ton intuition et tu reprends contact avec ton énergie naturelle. Ceci te permet de diminuer l'influence de ton ego et par conséquent tes blessures.

Je sais bien que j'ai parlé de l'ego à plusieurs reprises dans ce livre. D'ailleurs, je ne cesse d'en parler dans les ateliers que je donne et dans mes livres. Le fait que je me répète n'est pas important. Mon objectif est toujours de te donner les meilleurs moyens possible pour gérer ton ego afin qu'il lâche son emprise sur toi. Rappelle-toi que l'ego n'est que la totalité de toutes les croyances auxquelles tu as adhéré depuis très longtemps. Il est convaincu de nous aider alors que ce n'est pas le cas, car il lui est impossible de connaître nos vrais besoins. Les gens me disent très souvent qu'ils ont besoin de se faire rappeler les notions d'Écoute Ton Corps régulièrement parce qu'ils oublient facilement à quel point leur ego interfère dans leur vie. Voici donc les deux moyens que je te suggère pour gérer ton ego.

La première méthode consiste à utiliser la situation qui te fait souffrir pour découvrir le besoin véritable que ton ego ne veut pas que tu écoutes. Voici les étapes pour y parvenir qui s'appelle *Décodage pour découvrir la croyance qui bloque le besoin.*

1. Prends le temps de bien sentir ce que cette situation te fait vivre au niveau de tes émotions, de tes peurs, de ta culpabilité et de ta colère.

2. Demande-toi ce que cette situation t'empêche d'avoir ou de faire dans ta vie actuelle.

3. Demande-toi ce que cette situation t'empêche d'ÊTRE.

4. Réalise que ce que tu viens de répondre au point 3 représente un besoin de ton âme. Ceci fait partie de ton plan de vie. C'est une des raisons pour lesquelles tu es revenu sur Terre : te donner le droit d'être cela. Tu peux être ce que ton âme souhaite !

5. Afin de comprendre pourquoi ton ego ne veut pas que tu écoutes ce besoin, demande-toi ce qui pourrait t'arriver de désagréable si tu te permettais d'être ce que tu veux être dans cette situation.

6. Si ce que tu viens de répondre arrivait, de quoi te jugerais-tu d'être ou de quoi aurais-tu peur d'être jugé ?

Tu viens donc de découvrir la vraie croyance de ton ego. ÊTRE... (n°.3) signifie ÊTRE... (n° 6)

N'essaie pas de comprendre pourquoi tu as cette croyance, car nos croyances nous semblent souvent illogiques. Elle est probablement présente depuis tellement longtemps que tu ne pourras même pas savoir quand elle a débuté. Tout ce qui importe c'est de savoir pourquoi ton ego a peur pour toi.

Il croit que si tu devenais ce que tu ne veux pas être, une ou plusieurs de tes blessures seraient activées et tu ne pourrais pas gérer cette souffrance. Ton ego vit toujours dans le passé. Il ne peut donc pas savoir que tu n'es plus la personne qui a vécu ce genre de situation la première fois.

Te souviens-tu de la douleur que tu as ressentie lorsque tu étais adolescent et que tu as vécu ta première peine d'amour ? C'était affreux, n'est-ce pas ? Je suis certaine que tu es capable d'en rire en y repensant aujourd'hui et que tu sais que ce n'était pas aussi grave que tu l'avais imaginé à ce moment-là. Par contre, ton ego ne peut pas faire ce genre d'introspection. Il a enregistré dans sa mémoire la douleur que tu as ressentie quand c'est arrivé et il lui est impossible d'imaginer autre chose pour toi. .

Souvent, ce de quoi on a peur d'être jugé se manifeste dans notre vie, habituellement à notre insu. As-tu déjà vécu des situations où quelqu'un te jugeait d'être ce que tu ne voulais pas être (ce que tu as répondu au no 6) ? Si la réponse est non, je t'invite à vérifier auprès de tes proches s'ils t'ont déjà jugé ou accusé d'être cela. Sois prêt intérieurement à recevoir une réponse affirmative. Je te suggère de l'accueillir sans te justifier le cas échéant. Dis plutôt merci à cette personne de t'aider à devenir plus conscient.

Ce genre d'exercice te permettra de réaliser que plus on fait du déni, moins on veut voir un aspect de soi. Plus on le contrôle, plus on devient ce qu'on ne veut pas voir de soi. Cet exercice nous donne la possibilité d'être plus humble ce qui est très efficace pour faire diminuer l'ego.

La deuxième méthode pour gérer notre ego est de dialoguer avec lui. Puisqu'il a besoin de beaucoup d'attention, il sera heureux que tu prennes le temps de lui parler. Il sera ainsi plus réceptif à tes décisions. Lorsque tu dialogues avec lui, imagine que tu es en présence d'un de tes proches qui a peur pour toi et qui essaie de te dissuader d'aller vers ton but.

Donne-lui un nom qui n'est pas péjoratif, mais plutôt neutre. Le mien s'appelle Mouchette. Dis-lui ce qui suit en prenant le temps de dire son nom à quelques reprises. J'utilise le nom de mon ego pour t'aider à comprendre ce que tu dois faire.

Je sais Mouchette que tu n'es pas d'accord avec l'idée que j'ai besoin de... en ce moment, car tu es convaincu qu'il pourrait m'arriver... Je sais Mouchette que tu veux m'aider, mais je te demande de me laisser faire ce que je veux et de ne pas t'inquiéter. Je sais que ton intention est bonne, que tu veux m'éviter de souffrir, mais ignorer mon besoin me fait aussi souffrir.

Je sais Mouchette qu'il est possible qu'il m'arrive ce que tu crains pour moi si je vais vers ce que je veux, mais je t'assure que je me sens prête à assumer les conséquences de mon choix. Je me sens assez forte aujourd'hui, car c'est devenu très important pour moi de me donner le droit d'être Merci Mouchette de vouloir m'aider, mais je suis un adulte maintenant et j'ai la certitude que je suis capable de faire face à la situation. Tu peux donc te reposer Mouchette !

Ces deux moyens m'ont tellement aidée à me libérer de nombreuses croyances et à garder mon énergie naturelle que je souhaite de tout mon cœur que tu les expérimenteras au lieu de te laisser convaincre par ton ego et répéter les mêmes scénarios jusqu'à la fin de tes jours. (Je parle davantage de l'ego dans mon 2e livre sur les blessures[3]).

Si tu veux récupérer ton énergie naturelle et vieillir moins vite, il est important de te réconcilier avec les autres si tu as des problèmes relationnels. L'outil que je te partage ci-dessous donne des résultats extraordinaires. De plus, j'ai remarqué avec les années qu'il était efficace de plus en plus rapidement. C'est certainement grâce à l'énergie de l'ère du Verseau.

Il se peut aussi que les gens en aient marre de répéter les mêmes histoires dans leur vie et qu'ils soient déterminés à faire quelque chose à ce sujet. L'énergie

---

3 *La guérison des 5 blessures*, édité par Les Editions ETC en 2015.

collective y est pour beaucoup aussi. En effet, plus il y aura de personnes qui font la paix avec les autres, plus ce sera facile de vivre dans l'amour. Voilà pourquoi je redonne cet outil formidable de réconciliation et de pardon pour faire la paix avec soi-même et une autre personne, même si j'en ai déjà parlé dans plusieurs de mes livres. Cette technique est un peu différente de celle donnée précédemment pour trouver la croyance qui bloque un besoin. Celle-ci s'appelle la *Technique du miroir et de la réconciliation.*

Je vais utiliser l'exemple d'une amie qui m'a demandé de l'aider lorsqu'elle avait 70 ans. Elle vit à l'étranger et je ne la vois pas souvent. Elle a quatre enfants : deux filles et deux garçons. Elle m'a confié qu'elle n'a jamais pu avoir une bonne relation avec une de ses filles qui avait plus de 40 ans à ce moment-là. On peut facilement imaginer toutes les émotions que mon amie vit depuis très longtemps. Voici notre échange sous forme de questions et de réponses.

Q – Donne-moi un exemple d'une situation difficile avec elle.

R – Elle m'appelle souvent pour me parler d'elle. Il y a un mois, alors que je passe un moment avec elle au téléphone et que je l'écoute, j'ai trouvé un moment pour lui dire que j'entrais à l'hôpital dans deux jours pour une petite intervention chirurgicale. Elle ne m'a même pas demandé pourquoi et a continué à parler d'elle. J'étais tellement bouche bée que je n'ai pas été capable de dire autre chose. Elle ne s'est même pas renseignée par après pour savoir si mon intervention s'était bien déroulée.

Q – Comment t'es-tu sentie ?

R – Triste, déçue, rejetée, peu importante, incapable de parler, en colère.

Q – Dans cette situation, tu as eu peur de quoi pour toi ?

R – De perdre le contrôle un jour et de dire des choses que je vais regretter. Peur que ça empire et de ne plus vouloir lui parler du tout. Même maintenant j'espace de plus en plus nos rencontres. Peur d'avoir été une mauvaise maman et qu'elle me rejette de plus en plus.

Q – Tu l'as jugée ou accusée d'être quoi ?

R – Indifférente, injuste après tout ce que j'ai fait pour elle, égocentrique (elle ne pense qu'à elle), ingrate.

Q – Peux-tu penser à une situation où ta fille aurait pu te juger d'être la même chose, c'est-à-dire indifférente, injuste, égocentrique et ingrate ?

(Voilà le moment où l'ego résiste le plus, car il ne peut pas accepter l'idée que nous sommes ce que nous jugeons les autres d'être. Il est convaincu que ce ne sont

que les autres qui sont ainsi. J'ai dû l'aider davantage en lui posant des questions sur différents domaines de sa vie puis, après plusieurs minutes de réflexion, elle a enfin trouvé une situation.)

R – Il est possible qu'elle m'ait jugée de tout ça quand mon mari et moi avons décidé de prendre notre retraite lorsque nous étions dans la cinquantaine. Nous avons acheté une maison mobile que nous avons installée dans le sud des États-Unis. Nous passons tous nos hivers là depuis ce temps. Nous sommes donc partis 6 mois par année. Tu sais que ça faisait tellement longtemps que nous planifions ce moment, à quel point nous nous sommes beaucoup privés tous les deux afin d'économiser pour cette retraite anticipée. Nous étions tellement heureux de voir notre rêve se réaliser. Les enfants avaient tous plus de 21 ans donc nous avons pensé que ça ne les dérangerait pas.

(Je voyais qu'elle était très émue pendant qu'elle me répondait. Les larmes lui sont montées aux yeux et elle s'est mise à pleurer. Nous avons poursuivi notre conversation.)

R – Elle n'a peut-être jamais accepté notre décision. Nous n'en avons jamais parlé. C'est probablement pour ça qu'elle me parle tellement d'elle quand je reviens.

Q – Dis-moi, quand tu as décidé avec ton mari de prendre ta retraite, avais-tu l'intention de faire du mal à ta fille ?

R – Ni moi ni mon mari n'avons pensé à ça une seule minute. Nous aimons tellement nos enfants que nous ne ferions jamais quelque chose pour leur nuire. À aucun moment je n'aurais imaginé qu'elle a autant besoin de moi et qu'elle vit beaucoup d'émotions à cause de ça comme j'en vis par rapport à elle.

En conclusion, je lui ai dit que nous récoltons toujours en fonction de notre intention, ce qui veut dire que sa fille, qui vit la même chose qu'elle, n'a jamais eu l'intention de lui faire du mal en parlant sans cesse d'elle-même.

J'ai alors mentionné à mon amie qu'elle pouvait maintenant passer à la dernière étape pour compléter cette réconciliation. Je l'ai invitée à aller partager ce qu'elle venait de découvrir à sa fille et à lui dire que c'est grâce à cette situation qu'elle a compris qu'elle aussi peut sembler être indifférente, injuste, égocentrique et ingrate à l'occasion.

Le fait qu'elle se sentait bien à l'idée de faire ce partage m'a indiqué qu'elle s'acceptait. L'acceptation de soi est la partie la plus importante. Cet exercice est conçu pour arriver à cette étape qui est indispensable pour qu'une situation change. Il y a un autre point important dont il faut se rappeler quand on fait un partage : il ne doit pas y avoir d'accusations de part et d'autre, on ne fait que partager ce qu'on vient de découvrir sur soi grâce à l'autre personne. Dans ce genre de partage, on ne demande pas à l'autre de nous pardonner et on ne dit pas à l'autre qu'on lui pardonne. Agir ainsi alimente l'ego, ce n'est pas de l'acceptation véritable. Il ne doit y avoir que de la compassion.

Cet exercice peut se faire seul en se posant toutes les questions soi-même, mais il y a plus de risques que notre ego interfère en nous soufflant d'autres réponses. Tant qu'on n'a pas l'habitude de faire ce genre d'exercices, il est recommandé de se faire aider par quelqu'un d'autre qui nous pose les questions comme je l'ai fait avec mon amie. Il est donc plus facile par la suite d'aller partager le tout à la personne avec qui on a vécu une situation difficile.

On sait qu'on a réellement accepté l'autre quand on peut prendre cette personne dans nos bras et ressentir la souffrance de l'enfant en elle. Même si cette réconciliation est très difficile pour l'ego, je la recommande fortement, car parmi tout ce que j'ai enseigné, c'est l'outil le plus formidable pour améliorer toute relation.

Quand j'ai revu mon amie plusieurs mois plus tard, elle était tellement heureuse de me dire que sa fille et elles sont maintenant deux grandes amies, que c'est elle qui s'occupe le plus d'elle et de son mari parce qu'elle n'a pas d'enfants. Elle s'est rendu compte que lorsque sa fille parle d'elle c'est parce qu'elle veut se sentir aimée de sa maman étant donné qu'elle aussi a vécu beaucoup de rejet dans leur relation. Elle m'a dit en riant qu'elle a l'impression que c'est maintenant elle qui parle plus que sa fille.

Elle m'a aussi avoué qu'elle porte plus attention à sa façon de parler ou d'agir et qu'elle est plus consciente des moments où les autres peuvent la juger d'être indifférente, injuste, égocentrique et ingrate, mais que ça ne semble pas faire de différence dans ses relations. Elle s'est bien acceptée. Le seul moyen de savoir si nous nous acceptons véritablement, c'est quand les autres nous acceptent et qu'ils n'essaient pas de nous culpabiliser ou de nous changer. Je te rappelle qu'il est important de se donner le droit d'être autant l'aspect positif que négatif d'une attitude.

Si mon amie n'avait pas osé me demander de l'aide et si elle n'avait pas été ouverte à faire l'exercice de réconciliation avec moi, elle et sa fille vivraient probablement encore plein d'émotions dans leur relation. Cette réconciliation fut un beau cadeau de la vie pour elle et sa fille. Elle et son mari ont plus de 80 ans maintenant. Ils sont très heureux et continuent d'être actifs.

Les personnes qui ont fait cet exercice et qui ont constaté à quel point les résultats sont miraculeux veulent le refaire constamment. Pour ma part, je le pratique depuis l'âge de 40 ans environ et je découvre encore des parties de mon ego que je n'avais jamais vues auparavant. Le malaise que provoque mon ego et l'activation d'un masque ne dure donc pas bien longtemps, car il est maintenant très facile pour moi de faire cet exercice.

Quel bonheur maintenant de régler les aléas de la vie au fur et à mesure, ce qui contribue à conserver mon énergie plutôt que de la voir diminuer au fil des années.

N'oublie pas en plus qu'il est très important d'accepter et de bien vivre les changements qui se présentent à toi si tu veux demeurer joyeux, enthousiaste, en santé et fier ainsi qu'avoir de bonnes relations avec les autres. Il est aussi essentiel de toujours avoir des buts qui font WOW en toi afin d'avoir une vie bien remplie qui te permettra de quitter ce monde sans aucun regret.

Il y a tellement de gens qui prennent le temps d'économiser pour leurs vieux jours, mais qui n'osent jamais changer quoi que ce soit dans leur vie. Le jour où ils sont finalement à la retraite, ils ne font rien avec leur argent parce qu'ils sont soit malades ou ont peur de toutes sortes de choses. Ils ont peur de prendre l'avion, du terrorisme, etc. Ils passent à côté de plein d'occasions de vivre de belles expériences et ils se retrouvent avec des regrets.

Mon mari et moi nous sommes demandés si nous avions des regrets lorsqu'il est tombé malade. Quand nous avons su qu'il n'y avait rien à faire d'un point de vue médical et qu'il ne pouvait pas se prendre en main parce qu'il n'avait plus les facultés nécessaires pour entreprendre un travail intérieur, nous avons pris le temps d'échanger sur cette situation. Il m'a dit comment il se sentait et j'ai fait la même chose. Notre discussion nous a permis de conclure que nous avions eu une vie bien remplie et que nous n'avions aucun regret en 30 ans de vie commune.

Il n'y a pas une seule activité ou situation que nous avons regretté de ne pas avoir pu vivre ensemble. Ce fut une très belle révélation pour nous deux. Ça nous a aidés à vivre cette maladie avec plus d'acceptation. Il a aussi très bien vécu son déménagement en résidence. Il ne s'est jamais plaint. D'ailleurs, les infirmières et les préposés me disent qu'il est leur préféré parce qu'il est extrêmement gentil et sourit toujours. Même si nous ne comprenons pas ce qu'il dit, c'est toujours un plaisir d'être en sa présence.

Aurais-tu des regrets si tu apprenais que tu mourrais dans une semaine ou que tu devenais paraplégique suite à un accident ? Te dirais-tu que tu aurais fait les choses autrement si tu avais su que ceci t'arriverait ? Si tu réponds oui, c'est signe que tu n'écoutes pas assez tes besoins. N'attends plus ! Écoute-les dès maintenant !

Ne remets pas à plus tard ce que tu peux faire aujourd'hui. Passe à l'action ! La vie est courte et tu ne peux pas savoir ce que l'avenir te réserve. Alors, vis chaque instant pleinement. La vie est un cadeau et si tu en profites ceux qui te succéderont se souviendront que la vie peut être un cadeau pour eux aussi.

En ce qui me concerne, je remercie la vie pour le grand bonheur qu'elle m'apporte depuis de nombreuses années et je me remercie d'avoir développé ma foi qui est maintenant immuable. Je sais qu'il m'arrive toujours ce dont j'ai besoin donc je ne fais pas de demandes à l'Univers. Ça ne veut pas dire que je n'ai plus de désirs. D'ailleurs, je suis présentement en train d'organiser mes prochaines vacances. J'ai toujours le désir d'aller au soleil l'hiver et de reposer mon mental. C'est un de mes besoins. La plupart de mes désirs se manifestent rapidement, mais quand ce n'est pas le cas je sais que quelque chose de mieux m'attend.

Pour t'aider à mettre en pratique tous les moyens qui ont été mentionnés dans ce livre qui te permettront de prendre de l'âge en restant jeune et en ayant beaucoup d'énergie, j'ai fait une liste de ceux-ci à la fin de cet ouvrage. Il peut t'arriver parfois de trouver que ça demande des efforts de se prendre en mains ou que ça prend du temps, mais si tu regardes tous les bienfaits que ça t'apporte, tu changeras peu à peu ton attitude à ce sujet. Rappelle-toi que tu le fais pour TOI et personne d'autre.

Plus tu décideras de faire des actions nouvelles par amour pour toi, plus tu verras ta vie changer pour le mieux. Comme le changement est inévitable, il est donc important que ce soit toi qui décides ce que tu veux transformer pour le mieux. Je te rappelle que tu dois auparavant te donner le droit d'avoir agi à l'opposé de ce que tu voulais, faute de conscience. Au lieu de te critiquer, tu n'as qu'à te remercier d'être devenu plus conscient.

Vérifie souvent combien d'amour tu te donnes et tu auras le bonheur d'en recevoir l'équivalent de la part des autres.

Je termine avec un texte que j'ai toujours apprécié.

Être Jeune

La jeunesse n'est pas une période de la vie, elle est un état d'esprit, un effet de la volonté, une qualité de l'imagination, une intensité émotive, une victoire du courage sur la timidité, du goût de l'aventure sur l'amour du confort.

On ne devient pas vieux pour avoir vécu un certain nombre d'années, on devient vieux parce qu'on a déserté son idéal. Les années rident la peau, renoncer à son idéal ride l'âme.

Les préoccupations, les doutes, les craintes et les désespoirs sont les ennemis qui, lentement, nous font pencher vers la terre et devenir poussière avant la mort.

Jeune est celui qui s'étonne et s'émerveille; il demande, comme l'enfant insatiable : « Et après ? ... » Il défie les événements et trouve de la joie au jeu de la vie.

Vous êtes aussi jeune que votre foi, aussi vieux que votre doute; aussi jeune que votre confiance en vous-même, aussi jeune que votre espoir, aussi vieux que votre abattement.

Vous resterez jeune tant que vous resterez réceptif, réceptif à ce qui est beau, bon et grand, réceptif au message de la nature, de l'homme et de l'infini.

Si un jour votre cœur allait être mordu par le pessimisme et rongé par le cynisme, puisse Dieu avoir pitié de votre âme de vieillard.

Texte de Samuel ULLMAN, souvent attribué à Mc Arthur

Résumé des moyens concrets suggérés dans ce livre par Lise Bourbeau

Chapitre 1

- Décider qu'être vieux n'a pas d'âge.
- Demeurer active en voulant toujours apprendre du nouveau.
- Être passionnée.
- Lors d'une situation désagréable, me demander : « *Qu'y a-t-il en moi qui attire ce genre de situation ou ce genre de personne qui me fait vivre des difficultés ?* »

Chapitre 2

- Prendre ma responsabilité.
- Savoir m'engager et accepter de me désengager.
- Lâcher prise de l'emprise de l'ego.
- Me donner le droit d'être humaine, m'accepter, m'aimer telle que je suis avec mes aspects positifs et négatifs.

- Rechercher l'équilibre entre le physique, l'émotionnel et le mental.

- Trouver sans cesse des moyens pour devenir plus consciente et les utiliser, par exemple utiliser le décodage d'*Écoute Ton Corps.*

- Mettre en pratique tout ce que j'apprends de bénéfique.

- Être reconnaissante, dire merci souvent et surtout avant de m'endormir.

- En me levant le matin, me dire : « *J'ai hâte de voir quel sera mon cadeau aujourd'hui.* »

Chapitre 3

- Changer ma croyance sur la signification d'*être vieille.*

- Devenir consciente de toutes les peurs véhiculées au sujet de la vieillesse en vérifiant si cette peur est réelle ou non.

- Visualiser ce que je veux pour plus tard, surtout au moment d'un doute ou d'une peur.

- Me souvenir que je crée sans cesse et me demander si je crée ce que je veux ou ce que je ne veux pas.

Chapitre 4

- Me souvenir que chaque acte d'amour envers moi m'aide à conserver mon énergie naturelle.
- Utiliser le comportement de mon enfant intérieur pour devenir consciente de ce qui se passe en moi.
- Garder mon équilibre en m'occupant de mes trois corps à parts égales.
- Décider tout de suite ce que je veux pour mon avenir.
- Manger bio.
- Boire et cuire mes aliments dans de l'eau alcaline.
- Boire deux litres d'eau par jour en y ajoutant de l'oxygène liquide.
- Restructurer l'eau avec quelque chose de vivant.
- Quand on boit un autre liquide, alterner avec de l'eau.
- Respecter mon corps en séparant les protéines des glucides pour une meilleure digestion et élimination.

- Attendre au moins deux heures après le repas pour manger du sucré. Aucun sucre, incluants fruits, durant le repas.

- Ne pas sauter de repas, manger au moins aux 6 heures.

- Quand j'ai de la difficulté à digérer, me demander : « *Qui est-ce que j'ai de la difficulté à digérer ?* »

- Quand je fais un abus, m'accepter comme être humain, car la culpabilité bloque la digestion et/ou fait grossir.

- Me faire aider pour éliminer les toxines et l'acide par des soins physiques, des minijeûnes, une détoxification du foie, etc.

- Nettoyer mon corps d'énergie avec deux douches par jour.

- Prendre le temps de marcher au moins 3 ou 4 fois par semaine.

- Faire des exercices physiques tous les jours au lever.

- Laisser mon corps décider combien d'heures de sommeil il a besoin chaque nuit.

- Prendre le temps de me reposer le jour quand le corps le demande.

- Trouver des moyens pour m'amuser régulièrement. Ne pas attendre que ça vienne des autres.

Chapitre 5

- Développer le muscle de la volonté en passant à l'action.
- M'assurer que le stress vécu n'est pas motivé par la peur ou la culpabilité.
- Toujours avoir des activités familiales, amicales et amoureuses prévues d'avance.
- Bien utiliser l'agenda pour réduire le stress d'avoir à tout me souvenir.
- Pratiquer plusieurs fois par jour : « *Si ça prend moins de deux minutes, fais-le tout de suite.* »
- Devenir responsable plutôt que coupable.
- Me souvenir que tous ceux que je côtoie sont dans ma vie pour m'aider à me connaître et à me découvrir.
- Observer le comportement de l'autre envers moi pour savoir si je m'accepte.
- Me rappeler que je ne suis pas responsable de la santé ou de la maladie de mes proches.

- Être autonome affectivement. Savoir que lorsque l'autre dit *non* à ma demande, il n'est pas en train de dire qu'il ne m'aime pas.
- M'assurer d'avoir des ententes claires et précises avec les proches dans tous les domaines.
- Vivre dans la beauté par tous les moyens possibles.
- Respecter que l'autre ait des besoins différents des miens.
- Me rappeler que l'autre me fait sentir coupable seulement pour me montrer que je me sens d'abord coupable.
- Avoir au moins trois ami(e)s avec qui je peux parler de mes sentiments, mes peurs, mes aspirations, et ce, en personne et non par texto ou courriel.
- Être prête à m'engager totalement et tout partager dans une relation de couple ce qui m'amène à être autonome affectivement et financièrement.
- Développer la générosité sans attentes.
- Devenir une perfectionniste réaliste plutôt qu'idéaliste.
- Me donner le droit de parfois paraître injuste.

- Pour chaque décision, prendre quelques instants pour vérifier sur quoi elle est basée, la peur ou l'amour.

- Respecter les autres et me respecter même si nous sommes en désaccord.

- Devenir consciente du déni que je fais en sachant que c'est influencé par ma blessure de rejet (rejeter l'autre ou me faire rejeter).

- Me demander : « *Comment je me sens ?* » et vérifier avec les autres comment ils se sentent, le plus souvent possible, et oser le partager en acceptant que l'autre n'a rien à y faire ou à y ajouter.

- Écouter l'autre qui parle de ce qu'il sent avec compassion sans essayer de régler son problème.

- Quand je vérifie avec l'autre comment il se sent, savoir que ce n'est pas un manque de respect, c'est de l'intérêt pour l'autre, pourvu que j'accepte son partage sans réaction.

- Me rappeler que si je ne veux pas savoir ce qui se passe en moi ou l'autre, c'est du déni et que celui-ci est la cause de toutes les maladies importantes.

Chapitre 6

- Être vraie, c'est-à-dire être cohérente entre ce que je dis, pense, fais et ressens.

- Bien équilibrer mon féminin et masculin en moi afin de prendre le temps nécessaire pour manifester mes *je veux*, donc savoir quand être spontanée ou non.

- M'assurer que mon *je veux* fait WOW en moi juste à y penser. Plus celui-ci est fort, plus ça répond à un besoin important pour mon plan de vie.

- Vérifier si ce que je veux est basé sur une peur : peur si ça se manifeste et peur si ça ne se manifeste pas.

- Savoir ce que mon *je veux* m'aide à *être* ou à me *sentir*.

- Planifier les actions à faire et passer à l'action, même si je ne suis pas certaine des résultats.

- Avoir un cahier À FAIRE — NON URGENT, pour noter tout ce qui n'a pas une date spécifique, mais qui devra être fait un jour.

- Regarder la veille au soir ce qui est planifié pour le lendemain pour me préparer psychologiquement durant le sommeil.

- Au lieu de penser que je n'ai pas assez de temps pour moi, je me rappelle que tout ce que je fais dans la vie c'est pour moi et non pour le voisin.

- Quand il y a trop d'urgences dans une journée, je note 1, 2, 3 à côté de chaque tâche par ordre d'importance et d'urgence, ce qui enlève du stress.
- Devenir consciente de parfois étirer le temps même si je ne sais pas comment j'y arrive.
- Méditer pour aider à s'habituer à vivre dans un état méditatif, c'est-à-dire en étant observateur de tout en travaillant, sans aucune inquiétude ou peur.
- Devenir consciente que j'ai des limites et me donner le droit d'en avoir sans culpabilité.
- Quand je vis un trop plein mental, faire quelque chose de physique.
- Quand je vis une baisse physique, lire un livre qui me détend.
- Régler un problème relationnel au fur et à mesure qu'il se manifeste au travail.
- Quand j'atteins ma limite dans un travail, me donner le droit d'être limitée et passer à autre chose, même si ça impliquait de m'endetter.
- Quand j'ai deux croyances qui s'opposent, choisir celle qui n'est pas motivée par la peur. Écouter le besoin qui fait WOW en moi.

- Même si je vis du stress, me souvenir de mon JE VEUX et observer la peur du moment.

- Me souvenir que tout ce qui m'arrive (surtout ce que je n'aime pas) est ce dont j'ai besoin et au moment où j'en ai besoin.

- Avoir du bonheur à payer mes créanciers et les remercier pour le service rendu, ce qui aide à développer la prospérité.

- Quand il y a un obstacle, plutôt que de rester coincée dans le problème, me demander tout de suite : « *Quelle est la solution ?* » Si elle ne fonctionne pas, j'en trouve une autre.

- Trouver quelque chose dont je suis fière tous les jours sans croire que c'est de l'orgueil.

Chapitre 7

- Bien comprendre l'importance d'*accepter* de prendre de l'âge.

- Faire la différence avec *se résigner.*

- Dans une situation difficile, faire une liste de ce que je peux faire pour y remédier. Si c'est une situation inévitable, l'accepter et passer à du nouveau.

Résumé des moyens concrets suggérés
dans ce livre par Lise Bourbeau

- Au réveil, me demander : « *Que puis-je faire aujourd'hui qui ferait WOW et qui me rendrait heureuse ?* »

- Rechercher la compagnie de personnes plus jeunes.

- Toujours avoir au moins 3 ou 4 activités agréables d'organisées d'avance au lieu d'attendre que ça vienne des autres.

- Continuer à être alerte pour savoir si les décisions que je prends viennent de moi ou de mes peurs ou si je me laisse influencer par mes proches.

- Demeurer ouverte aux idées ou suggestions des autres qui pourraient m'aider à améliorer ma qualité de vie.

- M'informer des différents moyens offerts pour régler un problème avant qu'il ne soit trop tard.

- Pour un problème relationnel, utiliser tout de suite la *technique du miroir*.

- M'ajuster chaque année à mes capacités plutôt que de me comparer aux capacités que j'avais dans le passé.

- Lâcher prise sur une situation difficile en me rappelant que la vie est parfaite et qu'il m'arrive toujours ce dont j'ai besoin.

- Utiliser les deux moyens enseignés à *Écoute Ton Corps* pour gérer mon ego, le faisant sans cesse diminuer ainsi : le premier étant le *décodage* pour trouver le besoin derrière une situation difficile. Le deuxième, le *dialogue* avec mon ego que j'ai nommé *Mouchette.*
- Toujours utiliser la *technique de réconciliation* (*miroir*) pour tout problème relationnel.
- M'assurer que si je mourais d'ici une semaine, je n'aurais aucun regret, car je ne remets pas à plus tard ce que je veux vivre.

NOTES

NOTES

l'atelier ÊTRE BIEN

L'enseignement dynamique et concret de l'atelier ÊTRE BIEN intéressera tous ceux qui veulent améliorer leur qualité de vie. Unique en son genre, il offre une base solide pour vous diriger vers ce que vous voulez véritablement.

Divisé en deux jours distincts, vous avez le choix de participer à une ou deux journées.

Jour 1

ÊTRE BIEN
avec soi

Venez déterminer quels sont vos besoins actuels et comment les satisfaire pour améliorer votre bien-être. Vous explorerez plusieurs moyens concrets, étape par étape, incluant l'étape importante de découvrir à quel degré vous vous aimez réellement.

Jour 2

ÊTRE BIEN
avec les autres

Venez découvrir pourquoi vos relations et les situations que vous vivez ne sont pas toujours comme vous le souhaitez. Expérimentez ensuite, étape par étape, ce qui est concrètement possible pour établir de bonnes relations et atteindre le bien-être.

Durée : 9 h à 17 h 30
Prix par jour: 99 $/€ par jour

www.ecoutetoncorps.com/etrebien

Depuis plus de 35 ans, des milliers de personnes ont décidé de transformer leur vie avec nos outils. Et si dès aujourd'hui vous vous permettiez d'être bien vous aussi?

Catalogue de produits

Conférences sur CD

Plus de 100 sujets passionnants

Lise Bourbeau saura vous captiver par les différents thèmes qu'elle aborde lors de ses conférences. Elle vous fera réfléchir tout en vous donnant le goût de créer votre vie plutôt que de la subir.

CD = Disque compact - T = Téléchargeable

Prix : 15.95$/CD, 9.95$/téléchargement

CD-01 La peur, l'ennemie de l'abondance T
CD-02 Victime ou gagnant T
CD-04 L'orgueil est-il l'ennemi premier de ton évolution? T
CD-05 Sexualité, sensualité et amour CD-T
CD-06 Être responsable, c'est quoi au juste? CD-T
CD-07 Avez-vous toujours l'énergie que vous voulez? T
CD-09 Comment s'aimer sans avoir besoin de sucre T
CD-10 Comment évoluer à travers les malaises et les maladies T
CD-11 Se sentir mieux face à la mort CD-T
CD-12 La spiritualité et la sexualité CD-T
CD-14 La réincarnation T
CD-16 Prospérité et abondance CD-T
CD-17 Relation parent-enfant T
CD-18 Les dons psychiques T
CD-19 Être vrai... c'est quoi au juste? T
CD-20 Comment se décider et passer à l'action T
CD-21 L'amour de soi CD-T
CD-25 Comment s'estimer sans se comparer CD-T
CD-27 Le pouvoir du pardon T
CD-29 Être gagnant en utilisant son subconscient T
CD-30 Comment réussir à atteindre un but CD-T
CD-31 Rejet, abandon, solitude CD-T
CD-33 Les cadeaux de la vie CD-T
CD-34 Jugement, critique ou accusation? T
CD-35 Retrouver sa créativité T
CD-36 Qui gagne, vous ou vos émotions? CD-T
CD-37 Comment aider les autres T
CD-38 Le burn-out et la dépression T
CD-42 Développer la confiance en soi CD-T
CD-43 Comment lâcher prise T
CD-44 Comment découvrir et gérer vos croyances T
CD-45 Comment gérer ses peurs T
CD-46 Quand le perfectionnisme s'en mêle CD-T
CD-47 Le monde astral T
CD-48 Comment vivre le moment présent CD-T
CD-50 Sais-tu qui tu es? T
CD-52 Se connaître à travers son alimentation CD-T
CD-56 Les ravages de la peur face à l'amour T
CD-57 Quoi faire avec nos attentes T
CD-59 Comment développer le senti CD-T

Prix à l'unité. Taxes incluses. Autres pays: douanes et taxes locales non incluses.

CD-61 Le couple idéal CD-T
CD-66 Se guérir en s'aimant CD-T
CD-67 La loi de cause à effet CD-T
CD-68 Le message caché des problèmes sexuels CD-T
CD-69 Comment dédramatiser CD-T
CD-70 Comment éviter une séparation ou la vivre dans l'amour T
CD-73 Recevez-vous autant que vous donnez? T
CD-74 Comment ne plus être rongé par la colère T
CD-75 Possession, attachement et jalousie CD-T
CD-78 Dépasser ses limites sans craquer T
CD-79 Pourquoi y a-t-il tant de honte CD-T
CD-80 S 'épanouir et évoluer dans son milieu de travail CD-T
CD-82 Savez-vous vous engager? CD-T
CD-83 Accepter, est-ce se soumettre? T
CD-85 Vaincre ou en finir avec la timidité. T
CD-88 Comment les rêves peuvent vous aider CD-T
CD-90 Comment faire respecter son espace CD-T
CD-91 Comment utiliser votre intuition CD-T
CD-92 Quoi faire face à l'agressivité et la violence T
CD-93 Pourquoi y a-t-il autant d'inceste? T
CD-94 Êtes-vous dans votre pouvoir? T
CD-96 Les secrets pour rester jeune T
CD-97 Découvrez ce qui bloque vos désirs T
CD-98 Découvrez la cause de vos malaises ou maladies T
CD-99 Les blessures qui vous empêchent d'être vous-même CD-T
CD-102 L'agoraphobie T
CD-103 Comment être à l'écoute de son corps. T
CD-104 Est-ce possible de ne plus se sentir coupable? T
CD-105 Comment résoudre un conflit CD-T
CD-106 Savez-vous vraiment communiquer ? T
CD-107 Comment retrouver et garder sa joie de vivre T
CD-108 Comment ÊTRE avec un adolescent T
CD-109 Développer son autonomie affective CD-T
CD-110 Comment utiliser sa puissance intérieure T
CD-111 Profitez des forces derrière vos blessures CD-T
CD-112 Prenez la vie moins à coeur sans être sans coeur CD-T
CD-113 Argent et sexualité: Découvrez le lien CD-T
CD-114 Comment être soi-même CD-T
CD-115 Découvrez les causes et solutions à vos problèmes T
CD-116 La puissance de l'acceptation CD-T
CD-117 Qui dirige votre vie, l'homme ou la femme en vous? CD-T
CD-118 Comment atteindre l'harmonie familiale CD-T
CD-119 Et si nous abordions le cancer d 'une autre façon? CD-T

Détentes et de méditations

Prix : 15.95$/CD, 9.95$/téléchargement

CDETC-03 Méditation «Je suis dieu» CD-T
CDETC-12 Détente «Communication» CD-T
CDETC-13 Détente «Petit enfant» T
CDETC-15 Détente «Le pardon» CD-T
CDETC-16 Détente «Abandonner une peur» T
CDETC-17 Dét. S'ouvrir à l'état d'abondance CD-T
CDETC-18 Dét. À la découvert de mon être CD-T
CDETC-19 Détente «Rencontre avec mon sage intérieur» CD-T
CDETC-21 Méditation «Notre père» CD-T
CDETC-22 Méd. guidée «Raison d'être» CD-T
CDETC-23 Méditation guidée «Aimer sans être attaché» CD-T
CDETC-33 Détente «Je suis» CD-T

Livres de Lise Bourbeau

Écoute Ton Corps, ton plus grand ami sur la Terre (L-01)
En s'aimant et en s'acceptant, tout devient possible. La philosophie d'amour que transmet Lise Bourbeau à travers ce livre est la base solide d'un nouveau mode de vie. Plus que de simples connaissances, elle vous offre des outils qui, s'ils sont utilisés, vous mèneront à des transformations concrètes et durables dans votre vie.
Plus de 1 000 000 exemplaires vendus.
Version française et anglaise: CANADA: 19,90$ (taxe incluse); Extérieur du Canada: 18,95$

Écoute Ton Corps, ENCORE! (L-06)
Voici la suite du tout premier livre de Lise Bourbeau. Ce livre regorge de nouveaux renseignements par rapport à l'*avoir*, le *faire* et l'*être*. Il saura vous captiver tout comme le premier!
CANADA: 19,90$ (taxe incluse); Extérieur du Canada: 18,95$

Écoute Ton Corps - Version homme(L-20)
Pourquoi cette version? L'édition originale est un best-seller incontesté depuis 1987 traduit en 20 langues. Le seul bémol : la couverture rose est un frein aux hommes. Pour cette nouvelle version, tout a été adapté au lecteur masculin!
CANADA: 19,90$ (taxe incluse); Extérieur du Canada: 18,95$

Qui es-tu? (L-02)
La lecture de ce livre vous apprendra à vous connaître davantage à travers ce que vous dites, pensez, voyez, entendez, ressentez, et ce, par le biais des vêtements que vous portez, l'endroit où vous habitez, les formes de votre corps et les différents malaises ou maladies qui vous affectent aujourd'hui ou qui vous ont déjà affecté.
CANADA: 19,90$ (taxe incluse); Extérieur du Canada: 18,95$

Les 5 blessures qui empêchent d'être soi-même (L-08)
Ce livre démontre que tous les problèmes proviennent de cinq blessures importantes : le rejet, l'abandon, l'humiliation, la trahison et l'injustice. Grâce à une description très détaillée des blessures et des masques que vous développez pour ne pas voir, sentir et surtout connaître vos blessures, vous arriverez à identifier la vraie cause d'un problème précis dans votre vie.
Version française et anglaise: CANADA: 19,90$ (taxe incluse);
Extérieur du Canada: 18,95$

Tous les livres mentionnés dans ces pages sont égaleme disponibles en ebook.

boutique.ecoutetoncorps.com

Livres de Lise Bourbeau

La guérison des 5 blessures (L-19)
Voici la suite tant attendue du livre précédent. À l'aide de multiples exemples, l'auteure partage dans ce présent ouvrage ses nombreuses découvertes professionnelles et expériences personnelles qui guideront les personnes à la recherche de moyens concrets pour guérir leurs souffrances.
Version française et anglaise: CANADA: 19,90$ (taxe incluse); Extérieur du Canada: 18,95$

Ton corps dit : «Aime-toi!» (L-07)
Le livre le plus complet sur la métaphysique des malaises et maladies. Il est le résultat de toutes les recherches de Lise Bourbeau sur les maladies depuis quinze ans. Elle explique dans ce volume les blocages physiques, émotionnels, mentals et spirituels de plus de 500 malaises et maladies.
Version française et anglaise: CANADA: 26,20$ (taxe incluse); Extérieur du Canada: 24,95$

Amour Amour Amour (L-13)
Cet ouvrage fait le point sur les fondements de l'amour inconditionnel et de l'acceptation. Chacun d'entre nous vit quotidiennement de nombreuses situations dont certaines s'avèrent difficiles à accepter, ce qui, hélas, génère conflits, malaises ou insatisfactions. Dans ce livre, vous découvrirez les bienfaits extraordinaires qui résultent du grand pouvoir de l'amour véritable et de l'acceptation.
CANADA: 19,90$ (taxe incluse)   Extérieur du Canada: 18,95$

Écoute et mange – STOP au contrôle! (L-15)
Ce livre novateur offre une vision plus actuelle de la relation que vous avez avec la nourriture. Un de ses buts est de vous faire découvrir les six raisons, autres que la faim, qui vous poussent à manger.
CANADA: 17,80$ (taxe incluse); Extérieur du Canada: 16,95$

Le cancer – Un livre qui donne de l'espoir (L-18)
Ce livre se veut une perception nouvelle et différente de tout ce qui a été écrit à ce jour. En effet, Lise Bourbeau utilise une approche inédite, grâce aux milliers d'histoires de cancer qu'elle a entendues durant ces trente dernières années.
Version française et anglaise: CANADA: 19,90$ (taxe incluse); Extérieur du Canada: 18,95$

boutique.ecoutetoncorps.com

Livres de Lise Bourbeau

Le grand guide de l'ÊTRE (L-10)
Il présente plus de 400 sujets qui ont tous un point en commun: leur définition relève du domaine de l'*être*. Il suggère des outils concrets qui permettent de mieux gérer nos états d'être, nous conduisant ainsi vers la paix intérieure et le bonheur de vivre en harmonie avec soi et les autres. COUVERTURE RIGIDE. 700 pages.
CANADA: 31,45$ (taxe incluse); Ext. du Canada: 29,95$

WOW! Je suis Dieu - Tu l'es aussi (L-05)
Dans cette autobiographie au titre audacieux, Lise Bourbeau se révèle entièrement. Pour les curieux, un bilan des différentes étapes de sa vie ainsi que plusieurs photos. Comment une personne peut-elle en arriver à affirmer : «Je suis Dieu, WOW!» ? Vous le découvrirez à travers son récit.
CANADA: 19,90$ (taxe incluse); Extérieur du Canada: 18,95$

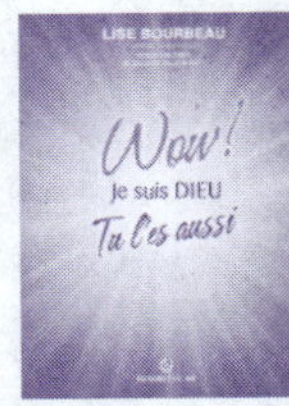

Comment prendre de l'âge tout en ayant beaucoup d'énergie (L-22)
Lise Bourbeau est souvent décrite comme une femme intemporelle ce qui l'a amenée à écrire ce livre dans lequel elle nous révèle comment elle parvient à conserver la vitalité d'une femme de 50 ans, même à 79 ans! Ce livre s'adresse à tous, peu importe votre âge ou votre sexe. Il vous suggère des méthodes claires et simples pour rester en forme physiquement et demeurer un être spirituel en harmonie avec ce qui vous entoure.
CANADA: 19,90$ (taxe incluse); Ext. du Canada: 18,95$

Collection Écoute Ton Corps

À travers les livres de cette collection, Lise Bourbeau répond à des centaines de questions de tous genres, regroupées par thèmes différents. Sont disponibles à l'heure actuelle, les trois livres suivants :

(LC-01) Les relations intimes
(LC-02) La responsabilité, l'engagement et la culpabilité
(LC-07) La sexualité et la sensualité

CANADA: 10,45$ (taxe incluse); Extérieur du Canada: 9,95$

Visitez le site de www.leseditionsetc.com pour lire des extraits de chaque livre.

boutique.ecoutetoncorps.com

Série Arissiel

LISE BOURBEAU

Un prolongement de l'enseignement de Lise Bourbeau sous forme de récits concrets et réalistes

L-11

Arissiel - *La vie après la mort*

L'originalité de ce premier tome de la série Arissiel vous aidera à apprivoiser la mort en réalisant que la vie de l'âme se poursuit bien au-delà de la mort du corps physique. Cette perception vous permettra de mieux accepter le décès de vos proches, c'est-à-dire de continuer à VIVRE sereinement votre vie malgré la disparition soudaine d'êtres chers.

L-12

Benani - *La puissance du pardon*

Grâce à de nombreuses scènes de réconciliation et de pardon entre BENANI et ses proches, ce deuxième tome vous sensibilisera au plus haut point en encourageant le lecteur à se réconcilier plutôt que de vivre des rancœurs, des attentes et des émotions mal gérées, ce qui donne suite à une métamorphose tout à fait imprévisible.

L-14

Carina - *Le pouvoir de révéler ses secrets*

Cet ouvrage vous aide à découvrir des moyens concrets et pratiques sur l'art de se révéler, tout en se libérant de lourds poids du passé, ce qui apporte de précieuses réconciliations et parfois même des guérisons tout à fait inattendues.

Diane - *Faire la paix avec le passé*

L-16

Dans cet ouvrage, vous découvrirez à quel point le fait de se réconcilier et de vouloir vivre dans l'amour, produit une série d'événements merveilleux dans tout notre entourage.

Cet ouvrage a aussi pour but de vous faire découvrir les guérisons physiques qui suivent les guérisons de l'âme, grâce à la libération du passé, qui est possible par la réconciliation et le pardon.

Prix: **Canada:** 19,90$CAN/chaque - taxe incluse **Autres pays:** 18,95$CAN (sans taxe)

boutique.ecoutetoncorps.com

Jeux de cartes

Vous êtes le M'ÊTRE du jeu (J-02)
Voici une nouvelle version de notre jeu de cartes populaire, sous forme de livre qui inclut toutes les mêmes cartes plus de nouvelles ajoutées et un chapitre écrit par Lise Bourbeau sur le Hasard, les coïncidences et la synchronicité. Cet ouvrage facilement applicable au quotidien vous aidera à devenir plus alerte à tous ces signaux délivrés par l'Univers.
CANADA: 26,20$ (taxe incluse); Extérieur du Canada: 24,95$

Coffret La guérison des blessures - Jeu de cartes quotidien(J-03)
Voici un nouveau jeu de cartes qui se trouve un complément aux livres LES 5 BLESSURES QUI EMPÊCHENT D'ÊTRE SOI-MÊME et LA GUÉRISON DES 5 BLESSURES. Il a pour objectif principal d'aider à mettre en pratique les suggestions de LISE BOURBEAU pour accélérer le processus de guérison des blessure.
Version française et anglaise: CANADA: 19,95$ (taxe incluse); Extérieur du Canada: 18,95$

boutique.ecoutetoncorps.com

Suivez l'action sur Internet...

... chaque jour

Devenez membre de notre groupe Facebook.
Partagez, discutez, profitez du support.

Trouvez-nous sur **Facebook**

... chaque mois

Abonnez-vous à notre Infolettre et soyez parmi les premiers à être informé des prochains livres de Lise Bourbeau et recevez des informations aidantes tous les mois.

www.ecoutetoncorps.com